2007年11月作者（中间）受韩国“掤捋挤按学校”邀请携弟子申思及石东赴韩国参加太极拳文化交流

央视康龙武林大会前四强选手（都是王西安拳法研究会的会员）左起李天金、王战军、樊帅鑫、陈三虎

央视武林大会陈式太极拳总冠军王战军（作者的徒弟）

太极功夫系列

Taiji Gongfu Series

陈式太极拳老架技击秘诀

The Secret Combat Techniques of Old Frame Chen Style Taijiquan

王西安　著

Wang Xi'an

河南科学技术出版社

Henan Science and Technology Press

·郑州·

·Zhengzhou·

内容提要

王西安先生是河南温县陈家沟人，陈式太级拳第 19 代传人，国内外知名的陈式太极拳大师。本书主要包括以下内容：陈式太极拳十大劲论；陈式太极拳练习前的准备活动；陈式太极拳练习后的整理活动；陈式太极拳老架一路俚语图解；陈式太极拳老架二路俚语图解。本书系统地介绍了陈式太极拳老架技击秘诀，并附有作者授拳照片 200 余幅，是广大太极拳爱好者学习技击功夫和练拳强身的必备参考书。

图书在版编目（CIP）数据

陈式太极拳老架技击秘诀 / 王西安著 .—2 版 .—郑州：河南科学技术出版社，2008.4（2017.4 重印）

（太极功夫系列）

ISBN 978-7-5349-3931-0

Ⅰ. 陈…　Ⅱ. 王…　Ⅲ. 太极拳－套路（武术）　Ⅳ. G852.11

中国版本图书馆 CIP 数据核字（2008）第 046760 号

出版发行：河南科学技术出版社
地址：郑州市经五路 66 号　邮编：450002
电话：（0371）65737028　65788140
网址：www.hnstp.cn

责任编辑：韩家显　韩雅楠
责任校对：王晓红
封面设计：宋贺峰
印　　刷：郑州环发印务有限公司
经　　销：全国新华书店
幅面尺寸：168 mm × 235 mm　印张：11.5　字数：138 千字　彩页：2
版　　次：2008 年 4 月第 2 版　2017 年 4 月第 10 次印刷
定　　价：23.00 元

太极歌诀

何人创始太极拳？纷纷嚷嚷数百年。
阴阳之理定主弦，技击来源于民间。
说长道短不足据，岁月渺茫如云烟。
五家沿袭史有鉴，九世开创树风范。

名手如水东逝去，峥嵘神功看今贤。
太极发祥后有继，龙虎场上夺桂冠。
飘洋过海威名传，珍惜光阴刻苦练。
明白其理深研探，周天畅通寿无边。

王西安
1998 年 8 月于郑州

作 者 简 介

王西安是当代陈式太极拳代表人物，陈式太极拳“四大金刚”之一，享誉世界的太极拳王。现任陈家沟武术院院长，中国民间武术家联谊会会长，焦作市武术协会副主席。他是国内外50多个武术团体的会长、顾问或总教练。

他出生于太极拳发源地陈家沟。自幼随陈式太极拳大师陈照丕和陈照奎习练太极拳，前后20多载，掌握了陈式太极拳的精髓。他的套路演练舒展大方、形神兼备。他的技击功夫极好，跌打掷放，迅、猛、灵、脆，威力惊人。1972年，他开始参加比赛，先后20多次获得全国和河南省太极拳套路和推手比赛冠军。他是首届全国太极拳推手锦标赛冠军，首届全国太极拳名家邀请赛冠军。1983年，他开始出国讲学传拳。他的足迹已经遍及30多个国家和地区。他是第一个应邀出国传拳和将陈式太极拳传到日本与欧洲的陈式太极拳大师。他的200多个入门弟子都是全国或河南省太极拳比赛的冠军，他的弟子的弟子获得全国或河南省太极拳比赛冠军者不计其数。他的外籍弟子获得中国或本国太极拳比赛冠军者不胜枚举。

他勤于笔耕，先后出版了《陈式太极拳老架》、《陈式太极拳推手技法》、《陈式太极拳老架技击秘诀》、《陈式太极拳新架一路》、《陈式太极拳新架二路及单刀单剑》等太极拳著作。他的著述中处处闪现其对运动走劲的独特感悟，初学者细读可粗窥门径；有志者循序渐进，可达精妙之境。他还录制了9 种陈式太极拳套路演练光盘。他的著作和光盘均在国内外发行。他已入选《中国武术家名典》、《东方之子》、《中国名人录》等。

Introduction To The Author

Being one of the four world-famous Chen Style Taijiquan Grand Masters, Wang Xi'an is a representative figure of contemporary Chinese martial art. He is the current president of Chen Village Martial Arts Institute, the chairman of Chinese Folk Martial Artist Association, and the vice chairman of the Wushu Association of Jiaozuo City. He is also the head coach or consultant of more than 50 martial art teams throughout the world.

Master Wang was born in Chen Village —— the birth place of Chen Style Taijiquan. Starting in his youth, he followed the two 18th generation Chen Style Taijiquan grand masters, Chen Zhaopi and Chen Zhaokui, for over 20 years to learn and refine his skills and theory. Under the brilliant teachings of the two grand masters and through his own diligence, he mastered the essence of Chen Style Taijiquan and excelled in many aspects of Chen Style Taijiquan, especially in the practical techniques of push hands. His beautiful forms are characterized by graceful, complete, and natural moves. His astounding combat techniques are full-feature demonstrations of power, swiftness, flexibility, and effectiveness. Since 1972 master Wang has participated in numerous national and regional martial art tournaments and earned more than 20 titles in both Chen Style Taijiquan routines and push hands. He was the champion of the very first National Taijiquan Push Hands Championship Competition, and the champion of the first National Taijiquan Masters Invitational Tournament. Master Wang started his teaching outside China from 1983, since then has traveled to over 30 countries and regions worldwide to teach Chen Style Taijiquan. He was the first Chen Style Taijiquan master having been invited to teach taijiquan in Japan and Europe. His more than 200 formal disciples are all gold medal winners of various national and regional taijiquan tournaments, and his disciples' students have also won numerous gold medals in national taijiquan tournaments. Many of his international students are champions of national and worldwide taijiquan tournaments.

Based on his own learning and teaching experience as well as the works of earlier Chen Style Taijiquan masters, Master Wang has published several books about Chen Style Taijiquan: *Chen Style Taijiquan Old Frame, Chen Style Taijiquan Push Hands Techniques, The Secret Combat Techniques of Old Frame Chen Style Taijiquan, Chen Style Taijiquan New Frame First Form, Chen Style Taijiquan New Frame Second Form ,Single Broadsword and Single Straight Sword.* He also recorded all Chen Style Taijiquan routines on a set of 9 video discs to give students a live, thorough, and detailed demonstration. These books and videos are available throughout the world, these works fully reflect Master Wang's personal enlightenment and deep understanding of the Chen Style Taijiquan theory and training system, they were written to help beginners as well as advanced students to improve their taijiquan skills towards perfection. Because of his excellent taijiquan skills and well recognized works in teaching and promoting taijiquan throughout the world, Master Wang was selected to be listed in *The Dictionary of Chinese Aartial Artists,The Son of China,The Book of Famous Chinese People*.

序 言

我和王西安先生第一次见面是在1982年6月上旬，地点是中国河南省体育馆。时任陈家沟太极拳体校校长的王西安正致力于向陈家沟村的青少年们传授陈式太极拳的工作。此后，自1983年他初次应邀访日开始，我们又见面多次。1990年还一起应邀到日本筑波市国际美学院交流访问，朝夕相处数日，更加深了了解和友谊。

1993年我访问温县时，已任温县太极武术馆副馆长兼总教练的王西安先生告诉我，他的《陈式太极拳老架》一书，野口敦子女士正在翻译成日语，希望我给予帮助。我拜读了出自王先生之手的那本书后，深感内容博大精深，许多都是初次披露的秘诀，具有很高的学术价值。我向福昌堂推荐，希望在日本出版。所幸的是其价值得到理解，被列入出版计划，内心不知有何等兴奋。

1998年3月，野口敦子女士告诉我，王西安先生的另外两本专著《陈式太极拳推手技法》、《陈式太极拳老架技击秘诀》也已完稿，准备付梓，并请我为《陈式太极拳老架技击秘诀》作序，闻此心中格外惊喜。在陈家沟四杰当中，王西安先生尤以实战著称。他的著作中不乏理论上的真知灼见，更有独到的从实践中来的秘诀。对王先生勤于著述的精神表示敬意的同时，也恭候其著作能翻译成日文，尽快与日本读者见面。

[日]松田隆智

1998年3月

自 序

陈式太极拳是融健身、技击为一体的古老拳种，早在300多年前就已成为我国最著名的拳派之一。太极拳的“太极”二字，内涵丰富，包括面十分广泛，涉及天文、地理、乐律、兵法等诸多学科。

近年来，随着喜爱和演练太极拳的人日益增多，对太极拳理论书籍的需要也愈来愈迫切。

本书是在陈式太极拳老架一路76式和老架二路45式基础上，删去重复动作，分别剩余42式和38式，逐式分解技击用法及其特点和运动路线。为便于演练者背诵、记忆，书中用了较多的五字或七字俚语，各式后边附有不同情景下的分解动作用法详解，最后以陈鑫俚语歌诀结束。本书对有一定练拳基础的人研究陈式太极拳有一定的参考价值。但在演练时要注意，无论是推手实践，还是练习单式，都必须建立在“阴阳开合”、“刚柔相济”、“开中寓合”、“合中寓开”的技击、形体相互转化基础上。在技击方法练习中，不能因重视技击，反而出现断续、僵直、丢顶之病，只是在意念和手法上略有侧重而已，久之熟能生巧，定收良效。切不可顾此失彼，弄巧成拙。

本书是著者在长期练拳实践中的一点经验积累和体会，意在抛砖引玉。演练者应遵循太极拳的理论，在实践中反复体会，总结经验，明辨各招式中的“意与气”、“气与形”、“形与神”、“内外相合”、“周身相随”等原则。只有掌握各招式之间的相互变化关系，才能逐渐提高自己的技击水平，愈练愈精。因作者水平有限，加上时间仓促，书中会有疏漏之处，望广大读者朋友阅后多提宝贵意见。

阎素杰、宋振伟参与了本书的校对工作。

王西安

1998年8月于郑州

目　录

第一章

陈氏始祖历史推源

陈家沟陈氏始祖陈卜，于明洪武五年（1372年）迁居河南怀庆府，至今已有六百余年历史。关于陈卜的历史渊源，各执己见，众说纷纭。到底他原籍在哪里、家乡在何处，一直是个未解的谜团。

据陈氏家谱记载：始祖陈公讳卜，于洪武五年于原籍山西省泽州府东土河村携眷避迁洪洞。先是明元逐鹿取我中原时期，明太祖履战怀庆不下，定鼎后曾血洗怀庆，人烟几乎绝灭，继迁晋民填补。故我始祖在避迁中，又由洪洞被迫迁至沁阳东南三十里之野，结庐居也。始祖为人忠厚，兼精拳艺，颇受时人所推崇，而以其名命其居处曰陈卜庄，住二年又全家迁居温县城东十里之常阳村。后因人丁繁衍，村名易为陈家沟（1976年12月修）。

《太极拳图画讲义》（陈鑫著）中有一段叙述道：我陈氏自陈国支流山左派，衍河南始于河内，而卜居继于苏封定宅，明洪武七年（1374年）始祖讳卜，耕读之余，而以阴阳运转周身者，教子孙以消化饮食之法理根太极，故名曰“太极拳”（中华民国二十二年四月初版）。

《陈氏太极拳汇宗》（陈照丕著）自序中有一段道：明洪武七年，余始祖卜，由山西洪洞县大槐树迁居河南温县常阳村。因我族生嗣繁衍，遂以陈家沟易名；西距城十里；背负一岭，名为清风岭。当时内匿匪类甚多，扰劫村民，官兵莫敢捕。余始祖以夙精太极拳，慨然奋起（中华民国二十四年十月初版）。

《陈氏世传太极拳术》（陈子明著）自序中有一段道：自我九世祖王廷公创始太极拳术，下逮子明，已及八世，其间名手辈出（中华民国二十一年十二月三十日初版）。书中未曾提到始祖之词。

在《太极拳源流考》中唐范生略提到陈卜，其意说陈卜不是太极拳创始人。创始人应该是陈王廷。

1986年前，我在翻阅陈鑫著的《太极拳图画讲义》（手抄本，中华民国五年八月中秋五日品三）时，看到自序中有一段“始祖陈公讳卜，山西晋城泽州郡东土河村”。

当时看过之后，我又细心地查阅了陈氏前辈的所有资料，所述各有不同。有的说 “泽州郡”，有的说“泽州府”；有的说“东土村”，有的说 “东土河”；有的说陈卜时期人们就会练太极拳，有的说陈王廷创始太极拳。此处先不论谁是创始人，且说看过陈鑫手抄稿之后，每当想起总是有点含糊，总想弄个究竟。由于工作忙碌，一晃数年已过。

1998年秋，我与阎素杰、张保忠、张豆豆四人前往山西调查。一路上翻山越岭，穿沟爬坡，经过几天的寻找，终于在第三天找到了东土河村。我们先找到村支书郭智慧先生，讲明来意后，他对我们的工作非常支持。他笑着说道：“走，我领你们去见一个人，他是我们村的老干部，对历朝历代最清楚，在我们村都叫他是‘活字典’。”出了他家向东又向南，没多时就来到了这位老干部家，经过支书的介绍，知道他叫郭延祥。老郭问我们是从哪里来的，我们答：“河南陈家沟。”他一听说陈家沟来人，笑着道：“陈家沟与土河村是一家人。”我们接着就切入正题，问他："你怎么知道陈家沟与贵村有渊源呢？"老郭伸手拿起桌上的茶杯，喝了口水，道 ："说来话长。

老郭说，这村比较古老，在元代前村里就几百口人，后经历代争战，人口愈来愈少。特别到了明洪武三年（1370年）之后，这一带连年遭灾，加上官府苛捐杂税繁重，已是民不聊生。到了洪武五年（1372年）春，这村外出逃荒要饭者更不计其数。

老郭说，这村中有一姓陈的老汉，他有三个儿子。有一天，老汉把三个儿子都叫到跟前说："这个家你们是不能再待下去了，出外逃荒要饭也比咱们都饿死在一块儿强。"三个儿子一听便跪下哭着道："爹，您年过六旬，应该是孩子们伺候您的时候了。我们怎能忍心自己逃命，扔下您不管？"陈老汉沉下脸道 ："你大哥不走，留在家里。老二、老三你们自个走。"随即陈老汉到屋里拿出个铁锅，照地上一摔，然后用手一指道："你们兄弟三人各执一片。若能活下去，日后你们兄弟见面时以锅片为证。"后来听村中老人们一代代传下来说：老三在沁阳邘部，老二在常阳村（今陈家沟）。

我们又接着问道："陈家在这村会不会练拳？"老郭道："会。以前陈家还中过武举呢，这人叫陈锦堂。不过遭荒年后就不练了。"谈完后，老郭又领着我们到陈家祠堂旧址，找几个80岁以上的老人给我们讲陈家的历史。他们和老郭讲的都是大同小异。临走时老郭又给我们说："你们如果有时间，到晋城市找一找陈富元，他是陈家辈数长、年岁大的人，对陈家历史知道的也多些。"我们听后随即驱车前往晋城。

赶到晋城，天已是下午了。我们找了个熟人，领着我们找到了陈富元先生。讲明来意后，陈富元对我们说，由于以前连年战乱，记载基本都丢光了，只是陈门长者代代传说：土河村已有数百年的历史，由于历史的变迁，岁月流逝，家谱只能续到清末。前辈为了延续子孙万代，陈家先祖曾为陈门启用了“仲思自文玉、福廷云金和、景作元风殿、毅假良贞洪”这20个字谱，作为子孙续排传用。我们问：“陈家沟与土河村姓陈的有啥关系没有？”陈富元道：“据历代传说，明初战乱刚刚平息，苛捐杂税愈来愈重，又加上那几年灾荒不断，家族中曾有不少人背井离乡，携儿带女逃荒往河南去，后来传说他们都在河南怀庆府邗郜、常阳落户了。”我们又问他：“你们陈家知道河南有你们陈姓同门，为什么都没人去看看？”陈富元道：“以前没有公路，太行山层峦叠嶂，数十里没有人家，若没人结伴同行，遇见狼虫虎豹那定是有去无回，谁敢去？不过，1965年2月初我们一行几人去寻访过。由于年代久远，又缺少文字记载，一时难以搞清楚。不过他们都知道自己是晋城人。”

第二天，为了弄清泽州郡、泽州府，东土村、东土河的问题，我们又走访了晋城市史志办。他们说：“你们所查的资料历史年代比较久远，一时半刻搞不清楚，最好你们亲自查。”

经过查阅，泽州名最早始于隋代，后经唐、宋、元、明、清、中华民国时期，略有变动。参考变动情况：隋开皇三年（583年）取消郡的制度，以州辖县。高平郡改为泽州。

唐高祖武德元年（618年）废长平郡置泽州。

唐高祖武德二年（619年）析丹川县置晋城县，晋城名由此始。

唐太宗贞观元年（627年）泽州州治由端氏移至晋城。

唐玄宗天宝元年（742年）改泽州为高平郡。

宋高宗建炎二年，金太宗天会六年（1128年）改泽州为南泽州。

金海陵王天德三年（1151年）南泽州复改为泽州。

清世宗雍正六年（1728年）泽州改府。

中华民国三年（1914年）废泽州府，改凤台县为晋城县。

1983 年，晋城县改为晋城市（县级市）。

1985 年，晋城市改为省辖市。1996 年晋城市郊区改为泽州县。

晋城若干村名变异表正数第 8 行有：东土河村（原名东土蛾村），何时变异没有记载。

晋城县的基层行政区划，明代以前无从详考。明、清两代均实行里甲制度。清代以来的里甲制度有较为详细的记载。《山西通志》记载：清雍正六年（1728 年）凤台县划为 170 里，但未记载里甲的具体名称。

清乾隆四十七年（1872 年）版《凤台县志》及清光绪八年（1882 年）版《凤台县志》对乡里名称均有详尽记载。

清乾隆时，全县划分 4 乡、20 都、171 里（后改为 150 里）。乡辖都，都辖里。城内设 10 坊。关边设 9 乡。4 乡中立南乡，下辖 26 里、347 庄，东土河村则在其中。

东土河村概况：东土河，全村 284 户，887 人，耕地面积 1 197 亩。村内以陈、王、郭三姓为主。陈姓 165 户，825 人。村东西长 0.8 千米，居住在面南坐北的山洼里。村内老街比较狭窄，但全是青石条铺地，由于年代久远，雨水冲刷，长年失修，如今变得有些凹凸不平。古老房屋处处可见，保存完好。历史古迹四处呈现，山青水绿，风光秀美。

村东头，有两棵老树，一棵槐树，一棵杨树，数人环抱不能围。由于年代久远，两棵树螺旋形缠绕到一起，弯曲前伸，由路南到路北又漫圆下垂，远远看去好像是一座人工搭成的大寨门。岁月流逝，树干中空，人们常在树下乘凉，树内避雨。

村西头有座大庙，始于宋代，华丽精美。庙后紧靠青山，两边是沟，右边叫圪里沟，左边叫化角沟，沟内溪水流淌，长年不断，听到哗哗的溪水声，清心悦耳。相传，这座庙与晋城市庙及河南沁阳二仙庙相继建立，后人称这三座庙为姊妹庙。

望月壁，在庙的南边，墙宽20余米，高10余米。影壁墙四周塑着四个弯腰神像，手执铁链，个个龇牙咧嘴，人称“四大天王”。中间塑了一头大犀牛，更是精美别致，在阳光的反射下，地面可以现出牛影，故后人把它叫做“犀牛望月”。

村南边山顶有座“珍珠塔”，50多米高，始于唐代。这座塔修造得更加精美，雕梁画栋，各种图画琳琅满目，在阳光的照耀下，五彩缤纷，华丽诱人，让人流连忘返。

村西南山脚下，在青石板上有3眼吃水井，开挖于明代，井深3米，水仍清澈见底。在没有先进工具的年代里，石上开井绝非易事。这显示了东土河村人民的坚毅和智慧。

村西南的大山上，半山腰孤零零地伸出一块大青石（3米多长，2米多宽），远远望去像是一只从山中向外爬出的乌龟，近看更是形象逼真。当地民谣道：“空腾龟天成，人诚龟更诚。踩踩龟身背，辈辈都富贵。踏踏龟脖头，万事不用愁。跺跺龟背腰，步步能升高”。

为弄清陈卜迁居陈家沟的历史渊源，我曾去太原，下洪洞，三到晋城，三访东土河村。调查所得，与陈鑫的《太极拳图画讲义》中所述相符。陈家沟陈氏始祖陈卜，实属东土河村人氏。因作俚歌，以志纪念。

历代泽州多争战，元明时期人更惨。
苛捐杂税繁且重，饥荒年里遭蝗虫。
日午灶旁无炊烟，草根树皮把肚填。
陈卜携眷逃洪洞，又遇移民徙怀庆。
为拨迷雾深山访，澄清渊源志气扬。
岁月如烟空逝去，弹指一挥数百年。

第二章

陈式太极拳老架技击十大劲论

一、意气劲论

欲知太极拳的劲，须首先弄清意与气。太极拳的意与气在人体内是无声无息的，既看不见也摸不着。一般说来，意即是心。然而仔细分析，心与意之间尚有区别，这就是心为意之主，意为心之副，心意密切相关。无论是行功练拳或推手，心动则意起，意起则气随。总之，心意气是紧密关联的有机整体。若练拳时不能平心静气，心意则散，意散气则浮。反之，心静则意坚，意坚则气沉。

气在人体中占有极为重要的地位。人体内的气不只是元气，而是四气的总称。首先是元气，没有元气，其他三气就无所依存；二是两肾所生的真气（即先天元气）；三是含有物质性并带有磁感的外气；四是人食五谷经过脾胃的运化而生成的水谷精微之气，即为后天之气。此四气总称为内气，也就是练习太极拳所指的“丹田之气”。

人们都知道，血是人体中最为宝贵的，然而血与气相比，气则更为宝贵。因为气与血的关系是气为主，血为副；气为阳，血为阴；气为卫，血为营。人的生命全在营卫。若有营无卫，就像一个国家只有内部的经济建设，而国境上没有武装军队的保卫，就无法抵御外来的侵侮。对身体来说，就易受外邪的入侵而染病。若有卫无营，就无法滋养身体。故卫为重，营为轻，血不足尚可暂存，气不足则立危。传统的医学观点认为，气为血之帅，气行则血行，人体就会气血调和，阴阳平衡，生机旺盛。

古代道家对丹田之气十分珍视，称“丹田”为炼制仙丹的丹炉，可见练习太极拳养丹田之气极为重要。

练习太极拳以意行气，以气催形，形气结合与练气功是一脉相承的，只是方法上有区别而已。气功是静中求动，练拳时行功、走架是动中求静，通过以意导气训练形体与技击，比专练静中求动的静气功更为高级，所以说练习太极拳可称为高级活气功。需要强调的是，无论是站桩，还是练习太极拳，在行功练气中都要顺其自然，合乎规律。只有这样才能使气血分布周身，均匀连绵，做到练功后面不改色，气不发喘，周身轻爽舒适，绝无急促劳顿之感。久而久之，必能充实血脉，协同外气，促进人体发育、气血经络畅通和精气津血之间的相互生化，润泽脏腑和增强机体，抵御外邪的侵入，确保人体的健康和生命力的旺盛，达到益寿延年的目的。

采气练拳定要符合意气之理。若有理无法，则气不能豁然贯通周身；若有法无理，等于舍本逐末。所以初学者不可急躁，即使练习中遇到种种困难，也必须耐下心来，平心静气，遵循客观规律，循序渐进。在开始就应树立培养中气及浩然之气，不采横气之信念，练拳才能逐渐走入正道，拳技才会由低向高。

所谓中气，是不偏不倚，无过无不及之意。气源于阴阳二气、先天元气及万物所化生的后天元气。气离不开意，意即离不开气，它们是相辅相成的共同体。练拳时若心意有偏向，气则有偏。所以气只有在意念平和适中的基础上，才能达到不偏不倚，二者有机结合形成中气。中气乃不偏不倚，不刚不柔，阴阳相当之正气。至于浩然之气，一般常人更难把握，其柔似棉花，硬似坚钢，无坚不摧，四气皆由五官百骸之中鼓荡于皮，此气坚刚，属于元气，与中气有区别，若得之，非下大功夫不可。至于横气，乃血脉之中流通之气。此气也是练拳者由初级迈向高级阶段的必经之路。与人交手，全凭年轻，力气勇猛，不讲情理，凌压于彼，多以力大偶尔侥幸取胜，这样只能屈服彼身，而不能屈服彼心。若与行家搭手，使己突然感到进不能进，退不能退，浑身无力，犹如在圆石上站立不稳，随时有欲跌倒之势。故曰，练拳应先循规蹈矩，沿其顺逆，自然运行，久则四肢百骸自然灵应，意到气随。拳论云："以意行气，务令沉着，乃能收敛入骨。以气运身，务令顺随，才能便利从心。"总之，以意导气，必须经过长期的意念及形体训练，把气变成有序化的、听从指挥的、具体的活气功动作，在技击应用时，才能达到周身灵敏，心想意起，气催形达的快速整体反应。了解太极拳的意与气，是进一步理解太极拳的劲的基础。

二、丹田劲论

"丹田"，是古时道家研炼内气的"丹炉"，通常指脐下一寸三分处，道家早在唐末时就兴起了养炼热潮。及至两宋，更加盛行。尤其从北宋宋神宗即位起，内丹术空前发展，其学说也日趋成熟，南宋的金丹派尤以修炼内丹成为有代表性的主要教派。而后南宋兴起的全真道，又历传金、元时代经久不衰。

在长期的实践中，人们不断总结经验，经过长期的反复酝酿，终于发展至把吐纳导引之术与养生健体、武术技击、祛病延年结合起来。因吐纳导引以丹田为主，故把丹田视为炼制灵丹妙药的"丹炉"。太极拳创始以来，其宗旨也就是采用道家的丹田运转，养固真元这一原理。后来根据这个观点，把丹田(阴丹田)又分上丹、中丹和下丹，即头部两眉间为“上丹”，两乳、心窝间为“中丹”，脐下一寸三分处为“下丹”。通常所说的“气沉丹田”、“意守丹田”即指此丹田，即下丹田。以上所讲的是阴丹田。人们根据这三个丹田同在任脉(阴脉)上的缘故，又把背后与脐对称的部位称为阳丹田，因为它位于督脉(阳脉)上。

阴丹田的上丹田为经气之道，中丹田为心气之居，下丹田为三气之所归。下丹田居人体中心部位，这个范围内有“关元穴”、“气海穴”等重要穴位，是任督二脉等经络的汇聚处和归宿点，又是男子藏精、女子养胎的处所，故人称丹田为“性命之祖”、“生气之源”、“五脏六腑之本”、“十二经脉之根”。它是汇聚、储存和运转内气的大本营，又是三气升降出入之基地，所以无论是站桩采气或行功练拳，对丹田之气都不可不察。

采气法是增强内气运转，动静相兼的综合练习方法。它把意与气及各种技击手法融为一体，做到炼中有养，养中有炼，并让内气反复汇合回归，养育于丹田之中，达到炼精化气，炼气化神，炼神还虚，复命归根之目的。只有这样，丹田真气才不至于耗散，日积月累，就能气足神旺，形于外的丹田劲才能浩然完整，无论是弹抖劲、发劲、拿劲、顺劲、逆劲等，都是丹田之气形于外的迹象。故从这一点说，丹田气也可以说“劲”。气足则劲力充沛，充沛则气自浩然，浩然则无坚不摧。反言之，气弱则劲不齐，不齐则松散无力，无力何能摧坚制敌！相对而言，气为主，劲为副。总而言之，气与劲，实乃一脉相承、不可分割的共同体。

炼精化气，炼气化神，复命归根，须把意与气紧密结合起来，否则达到随心所欲是不行的。应做到意气相连，意气相随，这才是以意行气与养丹存神的总要领。

意是指采气和行功者的意念活动，它是大脑功能的体现，通过以意导气的形体运动，将气导入人体内的顺逆运行轨道，对人体各部位生理机能产生良好的保健作用。

这里所指的气，是人体丹田的真气(元气)，也包括呼吸来的外气和水谷精微之气，即后天之气（内气）。前面说过，气和意是相互联系、相互依存、相互促进的。因气是人类生命活动中的一种基本物质，又是经络、脏腑、组织、器官进行生理活动的基础，所以采气行功锻炼的主要是气，如不能逐步把丹田之气调动起来，积累充实，循经运行，那么练拳就成了空谈。练拳还必须注意练意，要做到周身自然放松，使经络之气顺利畅通，气血调和，意气相随，动静相兼，刚柔相济，轻沉兼备。这些都离不开意的引导，这就是意与气的导引关系。

“丹田”，是三气(肾气、外气、水谷精微之气)所存之处，外气、水谷精微之气化生出后天之气，与元气共称四气，故“丹田”又是四气出入升降的大本营。先天肾气即“先天元气”，生于先天，养于后天，是由母胎所生。婴儿经过母体十月怀胎，全靠母体内的氧气和水谷精微之气来维持生命和生长发育，始而无形，渐变有形，待至形体长大，五脏六腑等各器官发育成熟，肾气随之生成。精微之气是通过胎盘的丰富营养物质直接输入婴儿体内而产生的，未能与水谷食物和宇宙间的阴阳二气相接触，所以婴儿此气是天地宇宙混沌景象所生。肾气是“先天元气”，或曰真气，是人的生命之源。人在日常生活中，先天元气在不断消耗，而需后天之气不断地补充，先天元气才能保持充足，五脏六腑、肌肤、毛发才能得到滋养和润泽，才能保持人的生命机能。

所谓后天之气，是婴儿由混沌之境转移到太极阴阳之界后，中断了任督二脉的流通及营养的供应，开始吸清吐浊，自行摄取营养及新陈代谢，吸收各类营养，来填补先天，故称“后元”或“后天”。欲知先天与后天元气，须知精微之气的来源。水谷精微之气，来源于所食的五谷及各类食物之中。它是通过脾胃的消化吸收而来的，以其充实血脉，起着协同外气，促进人体的发育、脏腑运行和经络流通，营卫肌体，抵御外邪入侵，以及促使精气津血之间相互生化的作用。

所谓外气，是产生于无序化的高能物质，含有静电、生物磁及微粒子等。通过采气法和套路的长期意念锻炼，能使无序化变为有序化，外气的基础是内气，人没有内气就不可能有外气。四气在体内的形成是人的生命的本源，始终贯穿于周身，无处不达，不达则有病变。流贯于脏腑，则为脏腑之气，如心气、肺气、脾气、胃气、肾气、肝气；流于经络，则为经络之气；流于脉中与血共行，则为营气；行于肌肤毫毛，则称为卫气等。总之，站桩采气或行功练拳，都不外乎培养后天，巩固和充实先天，从而促使周身气血鼓荡于皮，使封闭的任督二脉重新输流，使大小周天畅通无阻，使无序化的外气随着意念在丹田内通过磁化后，协同三气共同转化成有序的听从指挥的内气，从而达到延年益寿及技击应用之目的。

三、掤劲论

掤劲是长期演练太极拳产生的内劲形于外的一种劲别形式，也是在练拳第一阶段炼精化气的结果。

太极拳在演练时处处采用螺旋缠丝劲运动，走架时无论是顺缠、逆缠、上缠、下缠、左缠、右缠、里缠、外缠、平缠、立缠、正缠、侧缠百般缠绕，都是以腰为主宰的。在一动周身上下无不全动的原则之下，演练者在促使身肢放长的情况下，内气由内向外鼓荡于皮所产生的一种弹性劲为掤劲。掤劲在练拳或推手中无所不在，无时不有。

掤劲在推手中的应用尤为重要，它在以腰脊为主宰的轴心作用下，左旋右转，并采取螺旋缠丝式的弧线走化，在推手中运用表现于外的触点为主掤点，主掤点是由内形于外来达到技击之目的。这些都属于掤劲的外在表现。

掤劲与放松、僵劲三者之间的关系，是练习太极拳和推手演练者必须弄懂的关键问题。掤劲又是练习推手的八门劲别之最，如果没有掤劲，周身的其他劲别就无所依存，练拳和推手就会成为一句空话。掤劲是建立在放松基础上的，运动中只有周身关节、肌肉自然放松，由内形于外的掤劲才能自然畅通，鼓荡于皮。若松得不彻底，势必导致掤劲不足，这就是太极拳论中所说的“一分柔一分刚”的道理。但柔不能全然无力，无力则为丢劲，丢掉中气就是“失掤”。只有在放松的前提下，中气才能由内形于外，才能做到柔中寓刚。此掤劲来源于内气，日积月累，愈练愈足，是取之不尽、用之不竭、灵活多变的浩然之气。僵劲则是僵直、硬化、紧张、呆板之笨劲、拙力。它是在周身筋骨、肌肉僵直、紧张的情况下产生的一种外劲，气易上浮，横气填胸。横气乃血脉之气，运动时转关不灵，不易变化，易受制于人，纯属刚猛、继续、阳多阴少的呆拙力。此劲犹如雨后注水，有减无增，是不能采纳之气劲。望演练者在练习过程中逐渐体会，明辨丢与松、松与丢、掤与僵、僵与掤之间的辩证关系。只有明辨它们之间的关系，才不至于误入歧途、走弯路，以致枉费工夫。正所谓：

十年苦功无边际，辨识不清白费心。

劲路正确最重要，积功神力扫千钧。

四、捋劲论

捋劲是在 掤 劲的基础上形成的一种劲别。捋劲的形成和 掤 劲有着密切的关系，一般说来，先 掤 后捋，欲捋非先有 掤 劲不可。

捋时须以腰脊为轴心，通过两腿的虚实变化，由裆劲的辅助来完成。至于捋的角度、方位、轻重，力的大小等种类甚多，在应用时须加注意，否则达不到预期的目的。左捋、右捋、前捋、后捋、上捋、下捋、捋采、采拿、捋肩、捋肘、捋靠、捋坐(坐掌)、捋撞、捋甩、捋回、捋拌、捋钩等，这些技击用法都离不开先 掤 后捋。但在微妙的变化中也常伴随有惊弹之劲。故 掤 捋兼用，其目的是在捋的前提下，使彼重心遭到破坏失重后，我使用弹抖劲进击比较便利，这里 掤 捋劲和弹抖劲是相辅相成的有机结合。具体用法，这里可举一例说明。如第一路中的“拦扎衣”一式，定式后其重心是右七左三，右臂开中寓合，左臂合中寓开，左手插于左腰间，然后松右胯身体右转，同时左手由左向右与右手构成捋状。继而松左胯，腰劲下塌，扭腰旋背，左手抓住敌左手由外向内旋转，使彼左臂有被动之感。右手搭于敌左大臂，再向左移动重心，在扭腰旋背拧裆的前提下，身向左转，双手随之向身体左侧偏左下捋出，并可渐捋渐采，又可复挒，使对方只有招架之功，没有还手之力，岂不妙哉!但在捋的过程中，手切莫自贴己身，肘不能贴肋，否则在运用中则失掉 掤 劲，若彼反击时则自身转关不灵。在练习中只有举一反三，触类旁通，才能逐渐领悟捋劲在各招式中的奥妙。

五、挤劲论

所谓挤，是指占位性进击，使敌失去重心和有利位置，常有顺彼劲之意。挤劲在活步推手中运用更为方便，如人捋我右臂，我即一臂随之向前伸展，左手搭于右大臂中节，掌心向外，在腰裆的配合下，沉肩坠肘，顺缠竖掌，然后一起向对方身体挤击。

挤劲是太极拳推手的八大劲之一。在运用挤劲时，有背靠之意，若彼在捋的过程中没有过激行为，即没有失重现象，我可有备随之。在向前挤进时，顶劲要领起，精神要贯注，含胸塌腰，裆须开中寓合，挤不可过与不及。过，就会出界失重，会被对方所牵动；不及，若在挤的过程中因失界受制，彼反击则无法补救。所以，在举手投足时要观察明白，探清虚实，欲进时出手先占巧地。要做到彼捋我则随之，挤时脚欲进，上自领之，且中部应之，上下合之。总之，一进无有不进，一退无有不退，一静百骸听令。做到挤进有方，后退有余，才能在推手中立于不败之地。要想在推手中充分发挥挤劲作用，演练者必须在实践中多多体会开中寓合，合中寓开，中正不偏，无过无不及之理论原则，并且在理论和实践的结合中去认真领悟。

六、按劲论

以单手或双手向对方两臂或上体任何一个部位前推或下按，均为按劲。按劲无论在定步或活步(顺步)推手中运用都较为广泛。

按劲有长短之别，发按劲要区别对象，因人而异。在推手中，对于体重较轻、重心较稳固的人，就适于用长劲；若用短劲进攻最易失重，因彼体轻根稳，变化灵敏，所以应先以长劲逼进，游斗探听彼动，待彼略有被动时，速发短劲取之。对于体重较轻、功夫较差、底盘不稳者，即可采取手指先按，然后以掌后根发劲，以疾速短劲取胜为合适。但在用按劲时，须顶劲领起，精神贯注，含胸塌腰，裆催身进。故有发劲打人如接吻之称，周身一家方可按之有力。无论单手或双手按都须胸含、气沉、束肋、张背，做到落点清晰，在发劲时身体前后须对拉，才不至于在发劲时因身体前俯后仰而失重。

在按劲中手法变换要与呼吸相配合，这是发按劲的关键。如在顺步推手中，甲方由捋复按时，右手外侧轻灵地将乙方右手按至乙方左臂处，然后左手外侧按至乙方左臂肘关节处，使乙方右臂成90° 角时，甲方沉步催身进，双手由两掌外沿按劲变双掌内合。同时在呼气翻掌坐腕的一瞬间，身、步、手一起向对方发击，这样即可达到按劲的完整无缺，整个动作一气呵成。

七、采劲论

采劲是建立在捋劲基础上的一种劲别，指的是采拿两臂关节活络处的各个部位。如一手刁拿对方腕部，另一手置于其肘关节处，双手合劲向下沉采，或采或拿等。一般说来，捋、采、挒三者是相辅相成的。待采和捋手法结合应用时，它们的运动方向是一致的。采和挒劲却是恰恰相反的。采是建立在捋的基础上，在捋的过程中侧向采去，使对方重心偏于一方，随着身体旋转防守不及而趴地。

直采是搭在肘关节处，以掌根采之。寸采的过程中，在含胸塌腰、沉肩坠肘、扭腰旋背的前提下，掌根直向下发短采(寸采劲)，最易使对方趴于地下。我仍屈身下蹲，立身中正，气归丹田，目视前下方。

总之，在采的过程中，须以意念为主，并且腰、裆、腿、呼吸都必须相应配合得当，才能采得刚猛迅速。这些捋加采，采加挒，是相互并用，综合运用的。在运用时要灵活机动，能捋则捋，不能捋则采，不能采则挒，翻变连环，以不能让彼跑掉为原则。阴阳变幻，翻变连环，招招相衔，运用自如，实非容易之事。只有经过反复实践才能听出对方劲路变化，并在得机得势的情况下，方可出手运用，其中万千技法都是在实践中所得。正所谓：

千变万化招中来，　细心揣摩在其间。

若不领悟劲中妙，　再练也是枉徒劳。

八、挒劲论

挒劲是根据捋与合的惯性原理，在捋采的基础上，劲路由顺劲变横劲而形成的劲别。挒劲有反关节之意。如在顺步、大捋或捋采的过程中，彼身体则自然向一侧倾斜挤向我身，在彼倾斜的一瞬间，对方本能地自然反应必是肘部上翻，这正合了欲下先上之理。此时采劲正好与彼肘劲相对，所以捋采皆落空失去效应，但应注意的是在彼臂上翻时，有发击下前栽肘之机可乘。在此千钧一发的紧急时刻，我应随着彼的挤劲重心后移，身体略侧转，在侧转中急速改变劲路，以小臂向前发击挒劲。在一肘向前挒击时，另一手正好向内旋转，这两股劲正好反方向错开，一挒即中。

挒劲有内挒、外挒、带挒、采挒等，使用挒劲需要周身相随，内外合一，劲宜短不宜长。但劲也不可过大，否则初练者不知掌握分寸容易误伤他人。在初练挒劲时，可先点到为止。只有在实践中反复演练手法，待在四隅手的练习过程中，对各种出手分寸能够准确地把握时，随着身法或采或挒，或擒或放，才能做到心感神知，气劲运走恰到好处。此时在演练过程中既能达到技击应用之目的，又不至于出现伤害对方的事故。

九、肘劲论

肘劲是小臂内屈时，肘四周的部位所发出的劲。肘的发击方法较多，基本肘法有腰拦肘、顺拦肘、穿心肘、上挑肘、下采肘、挂肘、立肘、双开肘、双扣肘等。

运用肘法在距离上力求近而有力，在发击前需要与对方近距离接触，一般是一脚插入对方裆内或身后，最少得过半(脚最少超过对方身体一半)。上步欲发时，吸气，精神贯注，含胸塌腰，双脚蹬地，扭腰旋背，在裆催身进的前提下发肘劲。但在打上挑肘时，以命门肚脐为界，身体上下形成对拉之势，发击力点比较清晰，同时，也不至于发劲猛烈引起拔根。

肘劲有宽面窄面之分，宽面不易伤人；窄面易伤人，一般不可随意乱用。腰拦肘和立肘、顺拦肘属宽面；上挑肘、穿心肘、双开肘、双扣肘、下采肘属窄面。如对方按我右臂贴于胸前，我即内气下行，含胸塌腰，吸气，同时我右臂向右侧引，将对方按劲化空。继而微向左侧身上步，速用左手搭于对方后背向怀中速带，与此同时呼气，并发击腰拦肘。此时带对方于怀中，彼必本能地速向后回身，在对方回身后仰时，也正是我发击右肘之时。两股劲合成一顺劲，一快一慢，我以己之快催彼之慢，我蓄劲既足，发劲又刚猛，彼何能不被飞掷而出！这非一般功夫所能做到，非下大功夫不可。这种击法也只是在一惊一闪、一呼一吸、一合一开的瞬间，即能发人丈外。总之该法离不开转身弹抖，步健手快，只不过旋转弹抖圈小而已。这就是拳论中所讲的：由大圈而中圈，由中圈而小圈，由小圈渐小渐微，这时蓄劲抖弹无形无迹，发击距离短小，精微巧妙。所以，练习太极拳向极小极微，近乎无圈功夫攀登，方为上乘。那时发劲阴不离阳，阳不离阴，开即是合，合即是开，无形无迹，使对手飞掷而出如在梦中，不知我如何出手发劲，更无法招架还手。这才算是人不知我，我独知人，所向无敌的上乘功夫。

十、靠劲论

凡肩的四周在任何角度发出的劲均为靠劲。所谓靠，就是以肩的四周发击对方。靠的威力较大，带有惊闪性，发击时与对方的距离比肘劲更快更近些才为适宜。靠的发击方法较多，有侧肩靠、迎门靠、胸靠、背折靠、七寸靠、双背靠等。靠劲无论是在四正手或四隅手推手中，运用都比较多。除七寸靠、迎门靠、双背靠外，其余都是建立在捋和惊闪基础上的。

如迎门靠，在双手挽花的基础上，在双手上下挽花的旋转中，要巧妙地变换手法。两手虎口卡住对方双手腕往下按，继而向两侧分开，在两手分开的同时，重心速后移，随即一腿前插，接着以肩侧向对方胸前靠击。但必须做到两手将对方双手分开的同时，重心后移，然后脚步前插、靠击，这些动作皆需要同时完成。就是说，两手分开与撤步、进步、靠击，均须同时到位。再如侧肩靠，侧肩靠的应用是建立在捋的基础上的，对方若用右拳向我正面击来，我则用右手先接而后捋之。在向上捋的同时，随即左手搭于对方右大臂外侧，继而不停地向我右上方捋，速度要快(含有惊带之法)，迫使对方身体向其左侧倾斜。此时彼右肋则自然张开，我速上步插于对方裆内，肩向彼肋处击之，此用法非快不可。要把握好惊闪、插步、捋带、发靠，瞬间连续完成，引与击的动作以不超过一秒为妙。否则，待对方稳定好重心，再去发击，则有顶劲含于其中，效果自然不佳。故发靠劲，其速度如闪电。此处列举二例，望演练者认真研磨练习，在实践中寻求奥妙。

第三章

陈式太极拳练习前的准备活动

练拳前为了使肌肉、筋腱松弛，周身关节松开，肺脏舒展，血脉通畅，可先做系统的基本功活动，由头至脚，按顺序放松。在感觉精神充沛，精神内敛，心平气和，全身真正做到放松时再开始演练。

一、脚的活动方法

两脚踏地，与肩同宽，重心移至一腿，另一腿则屈膝下蹲，脚五趾轻轻抓地。待重心完全稳固好后，另一腿提起，以脚尖点地，先顺缠，慢慢旋转 15～20 次，再逆缠，反转 15～20 次后，脚趾和脚掌以及踝关节将会全部得到放松。然后重心再移至另一条腿，其旋转方向、次数皆同。

二、膝的活动方法

膝的活动是建立在脚的活动的基础之上的。提脚、开步都和脚的活动方法相同。如果把脚的准备活动称为第一动，由下向上延伸到膝便为第二动，之后各式演练步法皆同第一式。

双腿屈膝下蹲，身体前倾，同时双手前上搭在双膝盖上，轻握膝盖，这样既能增加双膝的活动量，双手又能在双膝旋转中起到一定的保护作用。待欲做各式时，双脚微抓地，使涌泉空虚，双膝先顺缠15～20次，然后逆缠15～20次即可。

三、胯的活动方法

双膝活动完毕之后，身体逐渐竖起，双手向身体两侧叉腰，拇指向前，其余四指在后，以食指、中指、无名指为力点掐住命门两侧，进行胯部旋转。胯的旋转应包括臀部在内，旋转次数也是正反各 15～20次。

四、腰部活动方法

接胯部活动，腰向下弯，头向下低，双臂自然松弛下垂，再徐徐向左旋转，身体慢慢直起变成后仰之势。同时双手随着向左旋转，渐渐竖于身体正上方，指尖向上，双掌心向外。在这一瞬间的转换过程之后，身体继续右转，右手由上而下，随着身体继续向右，然后侧向下俯时，右手向下再向右后。在右手向下的同时，左手略上升，继而顺缠向下变掌心向左(低身法掌心向上，手紧贴地面)。向左后由下向上斜穿，在左手向下欲穿时右手由下向上，左手由下向左后穿时，右手由上而下，右手再向上成单手上竖，掌心向前时，左手下落于左腿外侧，右手再向右后下落时，左手由下向上，变单手上竖于正前方。换言之，就是双手在松腰旋转中，两手随之一上一下跟着旋转，左右旋转兼练，周而复始。这样的练习方法，可根据自身条件来调整身法和运动量。这种大幅度的旋转，不仅对腰部有较好的效果，而且对胸腹部也是极好的松弛手段。

五、胸腹活动方法

胸腹的活动方法，也叫扩胸法，又叫扭转法。具体的演练方法是：两手上抬与胸平，以右手轻抓住左手腕部，如向左转，先松左胯，身体左转。旋转幅度可先小，渐而大，待长期演练胸肌放长后，旋转可达270°，左右兼练。旋转时呼气，待欲向另一端旋转时吸气。换言之，旋转外开时呼气，欲开时吸气，继而再呼。

六、肩部活动方法

肩部活动比较简单。两肩自然下垂，如先活动右臂，先将重心移至左腿，同时左手叉于腰间，将右肩、肘以及腕部和手指关节全部松开，由下向上立圆旋转360°，正反旋转，周而复始。左右两侧兼练15～20次即可。

七、颈部活动方法

在欲动时，周身放松，两膝微屈，两胯松开，两脚五趾轻轻抓地，使身体求得中正稳固。继而头开始顺缠扭转15～20次，然后再逆缠扭转15～20次即可。

八、头部活动方法

两腿平行站立，松胯、屈膝、沉肩、塌腰，两手在双腿两侧自然下垂，两手中指轻贴两边裤缝，眼视正前。继而头慢慢向下低，待低到所需位置时，渐渐向左旋转，再仰面向后，向右向下旋转360° 。在旋转运动中，无论先向哪个方向旋转，眼必须随着转动而巡视左右。头摆动的度数可先小，渐而大。

九、肘腕活动方法

两脚平行站立，重心移于一腿，虚腿一侧屈臂上抬，以拇指和食指轻贴肋处，渐而肘向前，再向下，向后再向上划弧360° ，在肘划弧时，手指顺着肋处折腕划圆。左右两侧兼练，皆可达到活肘松腕之目的。

十、筋肌放长活动方法

在以上九动系列活动中，基本上达到了周身各个局部内外的放松，但对身体前后来讲，还有美中不足之处。第十动是专门练习胸腹肌、后腿筋肌，以及腰脊放长的一个重要环节。

1．双手叉腰，拇指在前，其余四指在后，身体后仰，在后仰时胸腹肌肉不能紧张，只有松弛下来，才能达到放松和肌肉拉长之目的。在后仰时，要做到头向两侧轻微摆动，促使颈部和面部的肌肉放松。

2．十指交叉向体前外翻，双掌心向前，使十指形成外折，胸腹内含，背外翻，使双掌和背部形成对拉之势。然后双臂回收到腹前，掌心向下，随着俯身弯腰双手下按，下按时双膝不能向前屈曲，才能促使双腿后筋和腰脊放长。始而高，渐而低，直到双手按地止。然后再略收起，向两脚外侧各下按15～20次即可，最后将双臂和双腿做几次弹抖放松即可开式。

第四章

陈式太极拳练习后的整理活动

一、缓缓散步求平静

一些初学练拳的人练过拳后就蹲在地上或坐下休息，特别是练过老架二路后满头大汗，就用冷水洗浴，这种做法极为不妥。近年来随着科技的发展，特别是许多生理学家对中枢神经的研究，使我们更近一步认识了中枢神经系统对人体的重要性。我们知道，神经系统尤其是高级神经系统，是调节与支配所有系统与器官活动的枢纽。演练时大脑始终处于紧张活动中，间接地也提高了中枢神经系统的紧张度，其他系统与器官的机能活动，也都处于兴奋状态，全身骨骼肌的收缩与舒张也均未平静。所以练完拳后做些缓慢散步，可使各部位生理活动逐渐缓和，逐步恢复正常状态后，再坐下休息为好。

二、保护皮肤达灵敏

练拳时人体所产生的热量，都是通过周身的皮肤来散去的。相对来讲，四肢散热量较大。皮肤不仅可保护身体内部的组织和通过出汗调节体温，而且皮肤上遍布着刺激感、温度感、触觉感等感觉神经末梢。皮肤这个感觉器官，尤其触觉器官同其他感觉器官一样，使人体对外来的刺激随时能够做出反应，并具有防御反射机能，总之，皮肤与整个机体是有密切联系的。所以在刚练完拳时，由于周身毛细血管扩张，大量的热量通过皮肤毛孔向外散发，此时用冷水洗浴是不科学的。严重时会使毛细血管堵塞、停滞、起鸡皮疙瘩，这样必然会引起皮肤感觉不灵敏。演练者最好在练拳后稍事休息再洗浴。

第五章

陈式太极拳老架一路俚语图解

一、陈式太极拳老架一路动作名称

第一式　预备式	第二式　太极起式
第三式　金刚捣碓	第四式　拦扎衣
第五式　六封四闭	第六式　单鞭
第七式　金刚捣碓	第八式　白鹤亮翅
第九式　斜行	第十式　搂膝
第十一式　拗步	第十二式　斜行
第十三式　搂膝	第十四式　拗步
第十五式　掩手肱拳	第十六式　金刚捣碓
第十七式　撇身拳	第十八式　青龙出水
第十九式　双推手	第二十式　肘底看拳
第二十一式　倒卷肱	第二十二式　白鹤亮翅
第二十三式　斜行	第二十四式　闪通背
第二十五式　掩手肱拳	第二十六式　六封四闭
第二十七式　单鞭	第二十八式　云手

第二十九式　高探马
第三十式　右擦脚
第三十一式　左擦脚
第三十二式　左蹬一跟
第三十三式　前趟拗步
第三十四式　击地捶
第三十五式　踢二起
第三十六式　护心拳
第三十七式　旋风脚
第三十八式　右蹬一跟
第三十九式　掩手肱拳
第四十式　小擒打(又名小擒拿)
第四十一式　抱头推山
第四十二式　六封四闭
第四十三式　单鞭
第四十四式　前招
第四十五式　后招
第四十六式　野马分鬃
第四十七式　六封四闭
第四十八式　单鞭
第四十九式　玉女穿梭
第五十式　拦扎衣
第五十一式　六封四闭
第五十二式　单鞭
第五十三式　云手
第五十四式　摆脚跌叉
第五十五式　左右金鸡独立
第五十六式　倒卷肱
第五十七式　白鹤亮翅
第五十八式　斜行
第五十九式　闪通背
第六十式　掩手肱拳
第六十一式　六封四闭
第六十二式　单鞭
第六十三式　云手
第六十四式　高探马
第六十五式　十字脚
第六十六式　指裆捶
第六十七式　猿猴探果
第六十八式　六封四闭
第六十九式　单鞭
第七十式　雀地龙
第七十一式　上步七星
第七十二式　下步跨虎
第七十三式　双摆莲
第七十四式　当头炮
第七十五式　金刚捣碓
第七十六式　太极收式

二、陈式太极拳老架一路俚语及技击分解动作名称

第一式　预备式
第二式　太极起式
第三式　金刚捣碓
第四式　拦扎衣
第五式　六封四闭
第六式　单鞭
第七式　白鹤亮翅
第八式　斜行
第九式　搂膝拗步
第十式　掩手肱拳
第十一式　撇身捶
第十二式　青龙出水
第十三式　双推手
第十四式　肘底看拳
第十五式　倒卷肘
第十六式　闪通背
第十七式　云手
第十八式　高探马
第十九式　左右擦脚
第二十式　左蹬一跟
第二十一式　击地捶
第二十二式　踢二起
第二十三式　护心拳
第二十四式　旋风脚
第二十五式　右蹬一跟
第二十六式　小擒打
第二十七式　抱头推山
第二十八式　前招
第二十九式　后招
第三十式　野马分鬃
第三十一式　玉女穿梭
第三十二式　摆脚跌叉
第三十三式　左右金鸡独立
第三十四式　十字脚
第三十五式　指裆捶
第三十六式　猿猴探果
第三十七式　雀地龙
第三十八式　上步七星
第三十九式　下步跨虎
第四十式　双摆莲
第四十一式　当头炮
第四十二式　收式

三、陈式太极拳老架一路技击动作俚语图解

俚语大部分是用七字组成的，每个动作由始到终，以七字俚语来贯穿着整个动作、运动路线和技击的变化。从对方招式变化中如何应招，再次击败对方的技击变化过程，都写得十分明白。这对具有一定太极拳基础的读者，是一个极好的交流机会。为便于初学者阅读，明辨其理，每式俚语后边都加有简单的注释，读者可根据自己的水平阅读、研用。本书动作示范插图，由长子王占海和徒弟张保忠演练。穿浅色衣服者为主，穿深色衣服者为副，单人单式训练法由长子王占海示范。

陈式太极拳老架一路图解中的预备式方向定为面北背南，左西右东。这是根据练习太极拳的阴阳变幻理论和前人重帝像的习俗所定的，待练习熟练后，可根据场地情况任选方向。

第一式　预备式

双目闭合无思念，全身置于宇宙间。
周身放松气沉丹，入丹闭炉稍加炼。
先天任督畅无阻，后天封闭不再开。
炼精化气为之本，炼气化神为之根。
炼神还虚为之终，久练不懈自然通。
含胸束肋膝微屈，垂肩坠肘自然松。
虽然站立犹未动，浩气腾然注我身。
欲动意先再出手，一人犹入万人中。

图4.1

注释：打拳上场要平心静气，先双目闭合，聚精会神，将周身置

于宇宙，久之自然能入混沌之境(图 4.1)。

第二式　太极起式

图 4.2

立正姿势身端严，二目平视望正前。
顶劲领起中峰悬，脖要竖直不可偏。
双臂松沉手下垂，含胸塌腰气沉丹。
徐徐吸气胸内含，静中犹动通三关。
屈膝重心向右移，左腿随之向上提。
上提带有撞击意，不击脚尖渐落地。
着地与肩相同宽，清升百会浊降泉。

注释：欲动时先吸气，随着意念将气由涌泉提起，由腿后而上，经任督二脉，越过三关(尾宫关、夹脊关、玉枕关)达百会，然后下行入上丹，经任始督端之融汇，吞气随津液而下入中丹。再由中丹入下丹，由下丹顺两腿内侧下行至涌泉为大周天，即使泄不到涌泉，也得泄至丹田，继而再开始运动。起势时顶劲须领起，胸内含，腰下塌，肋下束，右脚五趾抓地，涌泉穴要空，右独立步才能稳固。左腿上提，松胯屈膝，脚脖松而垂，周身默契配合(图 4.2)。下落时与肩同宽，渐而踏平(图 4.3)。

第三式　金刚捣碓

慢慢吸气臂上抬，双臂同起平与肩。
身体对拉腰为界，命门肚脐皆合拍。
曲膝松胯双手按，逆势呼吸劲达腕。
内气鼓荡须自然，吸清吐浊元微贯。

双手下按两胯前，先左后右转一圈。
若人抓住我双腕，旋转解脱化云烟。
右移重心稳健轻，双手随之向左 掤。
周身上下脐为界，暗移重心弧下旋。
身手俱下精神贯，左上右下击胸前。
完整一气如雷电，发击对拉掌外翻。
重心左移身右转，迎面击来流星拳。
右 掤 左捋压下去，提起左脚踹右膝。
放过此招无所谓，左脚落地反折回。
若遇顽敌又来侵，右捋左绕齐并进。
松腹含胸气上运，折断腕骨挫伤筋。
解脱撩阴不用捶，掌撩比捶妙十分。
弧线钩拳击下腭，收腹提膝专击阴。
含胸收腹真气聚，落脚踩碎脚骨肌。
左重实而则为虚，右重实而则为渺。
肩肘胯靠皆能变，闪惊巧取一瞬间。
招法变化玄又玄，初练犹临万重山。
劝君勤学苦研练，世上无高不可攀。

起式之后，双手上抬时吸气，松肩，沉肘，屈腕上提与肩平(图 4.4)。

注释：接上式，双手下按呼气，在下按的同时周身随之屈膝下蹲，双手下行按到两胯前止(图 4.5)。

接上式，如彼从正面抓住我双腕(图 4.6)，我则双腕内收，然后随着腰胯的螺

图 4.3

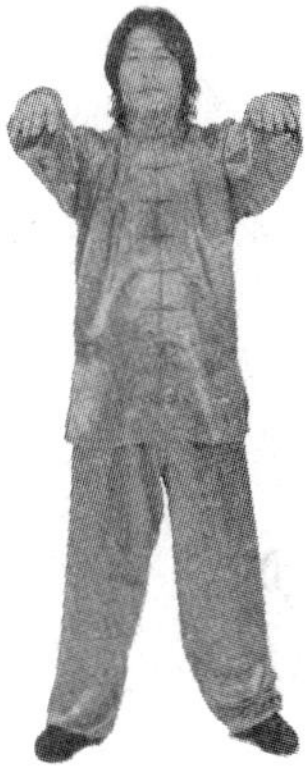

图 4.4

图 4.5

旋转动，先左后右向体前划平圆，注意双手划弧到180° 时，两手腕由左里向右外折腕，随即扬指，便顺利解脱(图4.7)。

图4.6

接上式，松左胯，双手左上右下一齐向左外发捩盖劲于彼胸腹处(图4.8)。

根据套路招式所需，在具体运用时皆可灵活掌握，如彼从我左侧进攻，我则转身先用右手向上掤引，继而复捋，在捋的同时，左脚可向左横跨，后重心左移，在移重心的同时，双手随着由捋变左下右上，随即向彼胸腹发力。

图4.7

接上式，如敌从正面击我，我则速向右转体，并以右手接住彼小臂，渐而搭其腕部，拇指在下，其余四指盖于彼手背，协同左手抓其小臂下合，与右手拿腕为一劲，合拿之(图4.9)。

图4.8

再如，接手后如彼顺势向我挤之，我则速向后撤右脚，左手向上，协同右手捋之，或采之或捌之，皆可取胜。

接上式，接手后重心右移，如不拿彼，则向右后捋．在捋的同时，右腿松胯，屈膝下蹲，五趾轻轻抓地，稳固好重心，左腿内合，侧向提起，发里撞膝(图4.10)。

图4.9

接上式，左脚向对方膝关节上下处斜下踹之。但注意下踹时，要求劲短，速快，完整为宜(图 4.11)。

接上式，左腿如不发侧踹脚，则可向前铲出，落地时以脚后跟内侧先着地，我以左脚插于彼右腿后，重心左移，双手在随着移重心的同时，松左胯，身体左转，向左侧发反折劲(图 4.12)。

接上式，我发反折劲，如彼顽抗，我则再快速将彼右臂向我右侧带，继而不停地以我左臂向彼右臂缠绕，使其肘受到控制而不能自由活动，然后左手协同右手一齐合拿其腕部(图 4.13)。

接上式，我以左手前掤，右手随右腿欲将前上，如有人从我身后抓住我右手腕，我则以顺、逆、顺缠，螺旋划弧向外折腕旋转，则能自然解脱(图 4.14)。

接上式，右手解脱毕，重心前移，左手随小臂向前平掤，渐而向上，在左掤的同时，右脚蹬地前上，右手随右腿前上，以掌心向彼裆内发撩阴掌(图 4. 15)。

接上式，左掤变下落，置于小腹前，掌心朝上。在左手下落的同时，右掌变拳弧线向上发里钩拳。右腿在含胸收腹的情况下，松胯屈膝上撞。然后，左手下落，正好是右拳上冲击下颌、提膝撞裆同时到达之时(图 4.16)。

图 4.10

图 4.11

图 4.12

图 4.13

接上式，右拳上击，右膝上撞之后，右拳下落于左掌心内，右脚向下直踩，与右拳同时到达。但要注意下踩脚时，脚五趾微屈，使脚落地时，与地面接触后形成一定的反弹力，即使震脚声响如雷，久练也不至于脚膝受伤(图 4.17)。

图4.14

图4.15

金刚捣碓有坚硬、百炼成钢、无坚不摧之意。右手握拳形似杵，左手微屈形似臼，取其坚刚、沉重之意，两手收在一起，以护其心。正如俚语所云：

金刚捣碓欲精神，上下四旁寓屈伸。
变化无穷衵未发，浑然太极备吾身。
一身无事养太和，锦绸花团簇簇多。
天上金刚携玉杵，善降人间大妖魔。
不是金刚降魔杵，妖魔鬼怪谁敢阻。
大开大合归无迹，美大圣神方可许。
外保君王内保身，全凭太极真精神。
此中甘苦都阅遍，不愧当今绝妙人。
先左后右不为奇，一动一静似围棋。
围到山穷水尽处，突然一式判雌雄。

图4.16

第四式 拦扎衣

拦腰扎衣速度快，亭亭玉立到阵前。
突然迎面人近前，两臂前伸入我怀。

图4.17

抓我双腕似铁钳，扭腰旋臂向左开。
双手穿掌往上翻，解脱完毕竖胸前。
劝君莫要再侵犯，我这两扇门未开。
此招送客大门外，左下右上两侧翻。
左斩气达外掌沿，右臂外开人仰翻。
插裆引进托上肩，暗移重心向右旋。
近用肩肘向外开，远用劈掌胜似鞭。

图4.18

注释：接上式金刚捣碓，如有人从正面抓住我双腕，我即松左裆，身体左转，在左转的同时，右拳变掌，双掌同时向身体左侧，继而再向上穿掌划弧180°，皆能解脱(图4.18)。

图4.19

接上式，双手左下右上，如有人先从左侧击我，我则左手斜下直斩(图4.19)。

接上式，如右侧来敌攻我，可视敌远近而定攻防战术。若近，我则速提起右脚向右侧先跨半步，插于彼裆内，继而右掌逆缠领劲，以右大臂向右侧发击。但要注意，右臂向外开时，右腿先外摆，继而膝内扣，与右开上下形成上开下合之势，使彼被击后不易逃脱(图4.20)。

图4.20

接上式，如我右臂向外发击时，彼按住我臂向我回推，此时我即可顺其势而顺缠向下引之，继而上引，在引进落空的同时，我右脚提起，再次急速外跨，松右裆，身体右转，左脚内侧蹬地，重心右移，在转身移重心的一瞬间，右手翻掌变逆缠，协助右肩一齐向右侧发肩靠击之(图4.21)。

图4.21

接上式，循序向外开击，近则用肩，远则用肘(图4.22)。或用掌劈之(图4.23)。但注意向外开击时，一定和拧裆、扭腰、旋臂默契配合，外开时劲才能顺达、有力。

图4.22

古代人们都是穿着比较长大的衣服，上阵打仗十分不利，拦扎衣，是形容左手拦着衣服扎于腰间之意，故四指叉开在前，拇指在后，以掌向下叉住腰，左手属阳，屈肘为阴，是所谓阴中藏阳。右手从左向右，自下而上徐徐而发，以腰催肩，以肩催肘，以肘催手，待手走到九分而止，内劲松而沉，不前不后由中而行，劲达中指肚，继而达其余手指。此劲是由中而起，越乳过腋，入肩和胳膊内骨中，再由骨髓充肌肤毫毛，徐徐运行。渐渐下塌，继而做到内外三合。同时裆做到开中寓合，合中寓开，开裆贵圆，支撑八面为准则。正如陈鑫俚语所云：

图4.23

世人不识拦扎衣，左屈右伸抖虎威。

伸中寓屈何人晓，屈中寓伸识者稀。

裆中分峙如剑阁，头上中峰是璇玑。

千变万化由我运，下体两足定根基。

第五式 六封四闭

右 掤左搭重心移，以脐为界上下分。
双手变成大捋势，沉肩束肋身下蹲。
右脚蹬地左胯松，精气聚集有奇功。
沉肩坠肘掌下切，左手内旋于怀中。
欲动重心身右转，挒采大捋真英勇。
只捋不采枉费功，捋采不妥彼能攻。
要想制敌三并进，机关全凭右腿惊。
周身上下齐并进，沾粘连随好神功。
敌站圆石身无主，进退维谷穷应付。
意敏手狠莫迟钝，放过此招不复归。
中气充足精神抖，春晓惊梦见英雄。
有始有恒必有终，无恒无终一场空。
三暑昼夜俱珍惜，三九挥汗如三伏。
三面真气丹炉炼，全凭三伏三九天。
精气浩荡周身流，登峰造极显神通。
大捋将终不停留，周身处处皆放松。
双手外摆与肩平，左膝外摆紧随跟。
欲右松裆皆下沉，左脚蹬地紧跟随。
跟脚后摆含击意，力点即在脚后跟。
沉肩坠肘双手按，竖掌直立右侧前。
为何双掌不齐进，内含机关别有因。
左四右六紧合闭，左逆右顺劲达根。

注释：接上式，拦扎衣之后，松右胯，身体右转，重心继续右移，在右移重心的同时，右手变掌掌心向外，左手由左向右上，掌心向右，与右手构成欲捋之势。但要注意的是，左手位于前上方时，周身以腰为界，上下形成对拉之势，眼视右前方(图4.24)。

图4.24

接上式，远捋，左手逆缠向下，右掌以掌外沿为着力点，一齐向身体左侧外捋击。注意左捋时，松左胯给右胯，含胸、束肋、沉肩坠肘、扭腰、旋背皆归于一劲，否则散缓无力(图4.25)。

图4.25

接上式，捋加采，从欲捋式开始，其周身要点同前，下捋与远捋所不同的地方是，在捋的过程中右掌有下采之意，直到将彼捋采趴于地下为止(图4.26)。

图4.26

接上式，下惊上捋。惊捋与平捋、下捋有所不同，它是在腿的惊闪前提下，左手逆缠向下，同时右小臂向上领彼大臂，继而不停地向右前发劲，或向下捋，视彼角度而定(图4.27)。但要注意上领与前发是一瞬间的手法过程，应与右腿惊闪同时进行。

接上式，捋加捌，手法和周身要点同前欲捋势，松左胯，给右胯，右脚蹬地，重心左移，身体左转，待右手捋到右乳胸前时，突然改变线路，以右小臂向前发击，与左手内捋二劲相错，促使彼受击后向前栽出。但在初学演练时，宜慢不宜快，因其不好掌握分寸，发击易伤肘关节(图4.28)。

图4.27

接上式，右手捋到身体中线时，两臂放松，左臂向左侧平伸，掌心向外。右手屈臂以手背轻贴左乳房上，掌心向前，松右胯，给左胯，身体右转，在移重心和转体的同时，左脚随之向后外划弧发摆脚(图4.29)。

图4.28

继而左脚点于右脚内侧，双手随着左脚摆上，右前左后向身体右侧平行按出(图4.30)。正如陈鑫俚语所云：

六封四闭按向中，上下四旁扣如弓。
左脚上提走弧线，击技全在后摆中。
双肘下沉胸内含，屈膝松胯背上翻。
周身精神全贯注，尤静待动欲动中。
形似灵猫扑鼠式，动静变化实无穷。

图4.29

第六式　单鞭

左手屈腕掤向前，右手刁腕向下旋。
两手构成开合劲，含胸双合也拿敌。
双手形似抱球转，抓指解脱向右旋。

图4.30

若拿中节皆可变，身肢放长往前探。
提肘松腕手内旋，翻腕反拿跪面前。
上旋若不随心愿，一惊一带如闪电。
闪惊巧取用侧肩，击敌腾空似飞天。
屈膝下蹲稳重心，松胯屈膝脚上提。
含胸塌腰真气聚，横行侧踹紧紧跟。
伸脚须有探听意，内侧轻轻铲着地。
拧腰旋背向外开，背肘发出循序连。

注释：接上式，双手左前右后走，左手屈腕前掤，右手刁指斜下向内，左手将彼臂向前推，右手刁住其肘关节，一齐向中间合之，将其小臂和手腕合成直角拿之(图 4.31)。

图 4.31

接上式，左下右上形成抱球式，左掌落于腹前，掌心向上。此时如彼抓住我右手指，我即逆缠五指捏合，落于左掌心上方，继而斜上向身体右侧开，即走即屈腕刁指，待走到身体右侧时正好解脱。注意：右手向外开时胸腹要舒开放长，辅助好向右伸的幅度，使走化更为顺利。但脐以下向下走，使周身上下形成对拉之式，这样既能促使身肢放长，又能达到我守我疆，不易过界，下盘又能形成牢固的良好根基(图 4.32)。

图 4.32

为了使读者明白此间的微妙变化，

现举二例说明。前者是指彼拿我梢节而论，如抓中节，屈指刁腕法是无法走脱的。

其一，如彼抓我中节顺缠拿之，我即逆缠松而随之，在松走的同时，我则向右斜上走化，即走即提起右脚，同时左手向右搭于彼右背处，继而随右引向右拍，促使彼身体倾斜，我则用侧肩靠击之。但注意，右引、拍击、上步、肩击应同时到位，要求快速、劲整、发击位置准确(图4.33)。

图4.33

其二，如彼逆缠抓之，我即顺缠随之(图4.34)。但由于周身关节放松长度的不同，所以在彼翻腕逆缠拿我时，我必须侧身击之，以身肢的放长，来弥补手法上的不足。具体的走化方法是这样的：如彼逆缠拿我顺走时，松右胯，身向右侧下俯，同时左手向右侧前上轻贴于彼右肋处，继而右脚前上，右手向右侧继续前伸，在上脚伸手的同时，左手顺势向右侧发推掌。注意：伸右臂、出右脚顿步、左手推击应同时到位，彼才能顺我右臂向右前方栽出(图4.35)。

图4.34

图4.35

接上式，右手解脱完毕，胸内含、束肋，右手落于右侧，左手置于小腹前，掌心向上，同时松右胯，屈膝下蹲。在下蹲

图4.36

的同时，左腿内扣侧向上提起（图4.36），继而向左侧踹击(图4.37)。

图4.37

接上式，如不发左踹脚，身体则继续下蹲，在下蹲的同时，左脚以脚后跟先着地，向左侧蹬地铲出。继而不停地松左胯，给右胯，右脚蹬地，重心左移，左移重心的同时，用肩、肘、手向外循序击之。此时要视敌距离远近，灵活运用，不能呆板(图4.38、图4.39、图4.40)。

图4.38

单鞭是形容此式在成式时两臂展开，形如一条鞭一样的伸展，其式变化多端，发击凶狠。正如陈鑫俚语所云：

单鞭此式最为雄，其式变化甚无穷。
首尾前后能相顾，旋转引击全在功。

又曰：

单鞭心意向左行，右手倡行最分明。
左逆右顺一起发，皆从元气运和平。
一物所有胸中藏，天机自然运阴阳。
单鞭一式最为雄，一字长蛇横西东。
击首尾动精神贯，击尾首动脉络通。
当中一击首尾动，上下四旁扣如弓。
若问此中真奥秘，须寻脊背骨节中。

图4.39

又曰：

盖世无双一条鞭，打进来不慌不忙。
敌因我左手叉腰，肘且屈乘其不防。

图4.40

有侵我逞其刚强，岂知我弓弦一卸。
含中有蓄屈中张，打得对方无处藏。
岂知我身风欲至，似挨未挨我衣裳。
求胜反败不自量，当地与他论短长。
只打得他头欲颠，身欲扑魂飞天上。
非是我别有其方，只凭得周身空灵。
一弛一张随式扬，此所谓阴中藏阳。

第七式　金刚捣碓

注释：接上式，身体微下蹲，松左裆，重心继续左移，身体左转，在重心左移的同时，左臂下沉，右臂先沉然后斜下向左，待右手下行到小腹前止，手指斜下，掌心向左，松右胯，给左胯，左脚蹬地，重心右移，在右移重心的同时，双手同时由下向上然后向右后捋。此式动作与第三式金刚捣碓相同。

第八式　白鹤亮翅

反复演练最重要，手灵气布功渐高。
初次捣碓面向北，顶劲领起向金尊。
此次金刚面向西，两脚轮流曲线退。
上次解脱后封彼，此次解脱前后分。
一解一合二次开，两退两点相互连。

两手侧分似白鹤，屈膝圆裆开中合。

注释：接上式，如彼正面抓住我双腕，我即松左裆，身体左转，在左转的同时，双手先向左然后向上穿掌解脱(与前金刚捣碓变拦扎衣解脱相同，略)。

继而重心右移，在移重心的同时，左脚向后划弧后退，两手随着退步，左后右前开(图 4.41)。

图4.41

接上式，在退步的一瞬间，身体左转，右掌以掌根为主，向前直击彼面或胸部。注意：右掌前击时，右臂只可伸到八成，过则有失界之危，转换不灵。应做到眼视手往，出掌为之精神一振(图 4.42)。

图4.42

接上式，松左胯，重心渐左移，继而提起右脚点于左脚前方，在右脚提起的同时，两手左上右下划弧在胸前相交(图 4.43)。

图4.43

接上式，右脚尖点地、双手在胸前交叉都是一瞬间的交叉过程，继而右脚向身后划外弧线退步，随即重心右移，左脚随着提起，然后脚尖点地，在左脚提起的同时，双手左下右上向身体两侧分开(图 4.44)。

鹤长于斗，善于鸣，明代医学家李时珍曰：“绿眼、黄喙、红掌、善斗，见异类展翅鸣”。《禽经》曰：“鹤鸣则蜮沉，养之园林中，则蛇远去。”《洞宾记》曰：“日出展翅而舞，名喜白鹤。”“白鹤亮翅”此式是取白鹤之善斗、驱害、喜日出而展翅之特征，象形取意。此招纯用引进之法，故言柔见乎外，而实寓前进之法，故言柔中有刚。亮翅者，形容两手从下而上，如两翅展开，有两手探搭之意。正如陈鑫俚语所云：

图4.44

不是峨眉月逼真，弓弯何不倍精神。
闲来没事看白鹤，两翅舒展又一波。
两手引来搂峰式，希殊秋水出太阿。
元气何从出太和，右展两手弄秋螺。
北方引进神机足，高翅由来有白鹤。

演练者在行功练拳时要注意涵养元气如鹤，犹伏而不动以养精神。

第九式　斜行

按住右臂莫要慌，顺缠引进合好裆。
含胸塌腰精神贯，扭腰旋臂击胸膛。
如遇迎面击来拳，迅速出击接手快。
接住敌手莫滞慢，右旋屈膝向下采。
左手由下向上起，捋变反折致胜归。
接住右手向上掤，左脚踹膝无须停。
左缠右合须含胸，突胸双拿扣如弓。
拿过还须继续攻，左侧一肘腋下冲。

左脚落地重心移，弯腰下旋能靠人。
太极始末求中正，曲中求直不为偏。
弯腰肘从膝下过，七寸肩靠在此中。
左手徐徐提肩平，右掌耳下欲待攻。
不击慢慢向前按，扭腰旋背向右转。
进用肩肘胯靠打，展开远用劈掌迎。
此招欲完右胯松，摆膝圆裆气下行。
含胸束肋气归丹，意念微贯不可贪。
意气逆行过三关，气往下降通三田。
周身上下节节松，五趾抓地涌泉空。
浊气下降至涌泉，灵气上升百会间。
三气混集丹田中，以意久练自顺从。
招式虽是如此变，察式应用别有方。
太极阴阳变万千，万变不离柔中圆。
只要平时细研练，出手皆可分胜败。
气达右手中指肚，周身六合扣如弓。

注释：接上式，如彼从右侧推我右臂，我即略松左裆，身体左转。在左转的同时，右手顺缠接住彼手由右向左引，继而松右裆，逆缠向下，落于小腹前，掌心向下。在右掌向下划弧的同时，左掌随之由下划弧向上，继而向右侧发推掌于彼胸(图 4.45)。

图 4.45

接上式，如果拳从正面击来，我则身体略左转，以右手先接住彼，后速松右裆，身体右转，在右转的同时继续下捋，左手随身体右转由左划弧向上，向右协同右手继而变下采(图 4.46)。

接上式，若彼从正面击我，我则先用右手接住对方，协同左手一齐向右侧 掤捋，在捋的过程中，左脚向左前方上半步，继而松左胯，给右胯，身体左转。在向左转体的同时，双手变左上右下一齐将彼被捋的一臂向其胸前捩出(此为迈头扫雪，图 4.47)。

接上式，接手要点亦同。若接手不采即可上 掤，左手随之由左划弧向右，以掌外侧为力点辅助右手一齐向右上捋，在捋的同时，左腿内扣侧向提起(图 4.48)。

左脚向左前侧下踹出，直击彼膝。注意：两手右捋提腿时，一定要做好含胸、束肋，以腰为界上下形成对拉姿势，下盘才能稳固好重心，发踹脚时才能达到干脆利落，力点清晰(图 4.49)。

接上式，若不发踹脚，我右手接住彼后，向右后带，同时左脚前上，在右带的同时，左手划弧向右前上，以左臂插于彼臂内侧，继而外缠，同时左手协助右手随着含胸一齐向下拿之(图 4.50)。

接上式，若不拿彼，我接住彼手即向

图 4.46

图 4.47

图 4.48

图 4.49

右侧捋，在捋的过程中，左脚向左前上，待左手捋到身体中线时，左肘略上泛，然后松左裆，重心左移，在移重心的同时，左臂内屈向彼肋处发穿心肘(图 4.51)。

图 4.50

接上式，接住彼手后，向我右下捋，在右捋的同时左脚向左前上半步，左手随左脚前上屈臂插于彼大臂下，左手略有下采之意(图 4.52)。

图 4.51

继而松左裆，重心左移，身体左转，在左转的一瞬间我身体向左侧略下俯，以背或大臂向彼靠之。此为中身法靠。如下低身法，肩离地七寸靠，可根据身体条件而定(图 4.53)。

图 4.52

接上式，发过靠劲之后，左臂沉肩坠肘提手与肩平，同时右手向后走外弧线，然后屈臂竖掌向前合于右肩前。继而身体略左转，在左转的同时，如敌从正面而来，我则右掌向前顺缠坐腕发推掌(图 4.54)。

接上式，发过前推掌后，身体右转，先肩、后肘、再手，依次向右侧开击。此用法和拦扎衣外开方法相同，只是腿法和外开的角度有所不同。拦扎衣是四正方向，斜行的开发略偏后，四肢全占四隅角。

图 4.53

所谓斜是隅也，所谓行是动也，白鹤

亮翅之后，重心右移，左脚提起斜上西南方，而右脚自然为东北。左手绕膝过后落于东南，右手越耳前行，然后右开落于西北方。此时则备四隅之绝，与易理最活，故取象斜行。正如陈鑫俚语所云：

图4.54

斜腕吊踝真难看，此中自然有高见。
妙手空空从何来，太极圆中贵善变。
善变神机无滞形，功夫归根在百练。
百炼真金金有光，金光闪闪如雷电。
此时功夫完成后，当初谁是真先难。
日日先难难无尽，难尽易来小神仙。

第十式　搂膝

第十一式　拗步

吸气下蹲双手托，暗移重心变顺逆。
沉肩坠肘合往劲，手捋膝撞不消停。
落地上步向前催，快速如风又如雷。
问君何缘上一步，岂知下式还有因。
左脚落地前为先，右脚转落左脚前。
再将左脚上一步，稳固重心双臂开。

注释：接上式，斜行之后，身体向下蹲，在下蹲的同时，重心向后移，双手由两侧变左逆右顺缠，随着沉肩、坠肘，含胸塌腰，束肋，徐徐向中间合托(图4.55)。

图4.55

接上式，继而重心完全移至右腿，同时左脚提起回收，以脚尖着地，点于右脚前方，在左脚提起的同时，双手继续上托，然后左前右后竖掌于胸前(图4. 56)。

图4.56

接上式，松右胯，屈膝下蹲，脚五趾抓地，身体右转，双手由前向右后捋，同时提起右膝上撞，或腹或胯均可。但上撞时，须含胸，收小腹，脚尖松而垂，力点要清晰有力(图4.57)。

图4.57

接上式，上撞后身体继续下蹲，待右脚重心达到稳固后，左脚提起前伸，以脚后跟先着地，渐而踏平。在左脚落地的同时，双手由捋再向后，划弧向上，继而向前，左前右后，待向左移重心时，左手经左膝前向左拨(有下分之意)，右手置于右肩前(图4.58)。

接上式，重心左移，身体左转，同时提起右脚前上，以脚后跟先着地。在右脚前上的同时，如彼挥右拳击我，我则以左手接住彼拳向左上架起，继而以右掌向彼胸腹处发击(图4.59)。

图4.58

接上式，重心右移，移重心时脚尖略外撇，然后渐而踏实。在移重心的同时，左脚蹬地，跃起前上，下落西南方。右手由按变下落，经右腿内侧外拨，然后下按于右腿外侧。左手由后向上划弧，然后竖掌置于左前方，继而重心左移，身体向左下俯发肩靠，右手由伸略屈辅助左肩击发，以下与第九式斜行要点及用法相同(图4.60)。

图4.59

图4.60

搂膝拗步，顾名思义，有上托牵引之意。如斜行后，两手从两侧右顺左逆由下向上托起，然后变左顺右逆捋牵对方。拗有折、曲之意，所以拗步即曲线隅角而上。拗步又可曰前堂跃步，或上三步，皆都是主前进之意。

陈式太极拳的主要核心是螺旋缠丝劲。手的运行轨迹呈弧形和圆形。没有抽扯之形，没有提拔之意。要求混然一圆方为合格，故曰搂膝拗步。第十二式斜行与第九式斜行相同，第十三式搂膝、第十四式拗步与第十式搂膝、第十一式拗步相同。

陈鑫俚语云：

手中日月画太极，此道人人皆不识。
阴阳消长自有真，全赖有心手内寻。
所画之圈有正斜，无非一圈一太极。
奇正离合最有情，但看能明不能明。
天机活动妙且深，枢枢辗转在一心。
果能识得其中妙，三十六宫都是春。

第十五式　掩手肱拳

斜行拗步左右连，双手交叉在胸前。
左脚提起隅角上，双手徐徐前后开。
双臂随裆全开尽，含胸内合自然归。
右腿屈膝向下蹲，左掌右拳合心前。
含胸束肋裆下塌，二目平视正前方。
扭腰旋背抖出拳，螺旋缠丝莫直前。
此拳发出速无比，肱拳发击力点清。
要问此劲由何来，劲起脚跟缠手腿。
越乳过腋达脊背，抖击劲达右拳轮。
平拳钉拳皆能用，肱骨外迸也发人。
练就掩手如风雷，迅速合下力千斤。
劝君智勇休使尽，剩下余力扫千军。
突然右边又来敌，转身发肘莫迟疑。
随即转体休迟慢，回肘痛击来侵敌。

注释：

动作一：接上式，斜行之后，收起左脚前上，其要点及用法同前拗步。待左脚前上落地时，双手左上右下交叉于腹前(图4.61)。

图4.61

动作二：接上式，提起左脚前上，在左脚前上的同时，双手向两侧前后开击，眼视先左后右，左手用掌前推，眼视左前方(图4.62)。

图4.62

右臂用肘，眼斜视右侧，待掌和肘开出自己的应击范围之后，继续向外伸展至与两肩平止。但在开击时，身体下蹲、呼气、舒胸，以眼视方向为主手，反之为副手(图4.63)。

图4.63

动作三：接上式，身体继续下蹲，呼气。随着呼气，双手左逆右顺划弧向中间合，左手内屈45°变侧扬掌于左侧前。右掌变拳屈合于右肋前，拳心向上，周身蓄合，眼视正前方(图4.64)。

图4.64

动作四：接上式，松左胯，右脚蹬地，重心左移。在移重心的同时，身体速左转，左手顺缠内收向后发肘劲，右拳同时逆缠前伸。应注意发击是在周身放松、扭腰旋背的基础上，呼气抖发的。要做到意在拳先，力点清晰为准则(图4.65、副图4.65)。

图4.65

掩手肱拳是指发劲时左掌在前，右拳在后，左掌护着右拳，有遮掩之意。何为肱拳?肘关节以上为肱骨，欲动前右拳合于右肋处，待右臂螺旋向前时，劲由肱骨缠于尺骨，继而向前催发至拳，肱骨起着先前的主要传导作用，故曰肱拳。掩手肱拳劲由何处起，演练时必须弄清。发劲时右脚蹬地，劲起于脚跟，越腿顺脊上

副图4.65

行，穿至肩臂，然后由胳膊前运至手背。欲发前劲应先合好，击打才有力。但是，劲虽由脚跟而起，其意本在心，心机一动中气即由丹田发出至手，周身全力皆聚于此。至于发击远近的尺度，可灵活掌握。远可展开胳膊击人，近则胳膊不能展开，可用屈肘合捶打击，或用尺骨外迸击。总之，或拳或肘，要灵活运用，将对方击翻，跌倒在地为上乘。正如陈鑫俚语所云：

忽有敌人自东来，右拳即向东面开。
右脚进步休缓慢，致使来者仰面天。

第十六式　金刚捣碓

掩手肱拳之后，重心右移，身体右转，右肘随之走上弧向外开肘。然后重心左移，在左移的同时，右脚划弧外摆，继而前上成撩掌式，之后提膝上撞，发里钩拳、下踩脚皆与第三式金刚捣碓相同。

第十七式　撇身拳

掩手拳完速转身，面北背南像尊神。
右腿屈膝往下蹲，提起左脚向外伸。
双手屈腕两侧开，身体中正不可偏。
劲达双腕力可发，不发徐徐向外开。
敌按右臂力下旋，先下后上引进来。

引进插裆齐并进，蓄发相变肩肘运。
大开大合重心移，右胯一松鸟难飞。
连环进招七寸靠，转换重心背发人。
撇身拳势斜寓正，两脚舒展八面撑。
双手两侧皆逆缠，两腿虚合实欲开。
右拳落在神庭上，左拳插在左肋间。
侧身右旋腰大扭，眼神戏定左脚尖。
顶劲领起中峰悬，裆间撑开半月圆。
两腿撑劲需八面，下接出手紧相连。
此招运用实在难，功夫下到皆自然。

注释：

动作一：接上式，金刚捣碓之后，重心右移，提起左脚向左跨步。在左脚向左跨步的同时，两臂向两侧分开，外开时双腕突出，指尖相对，有向外掤击之势(图4.66)。

图4.66

动作二：接上式，重心向左移，同时提起右脚向右侧跨半步。在移重心的同时，彼抓我右手腕，然后双掌变拳右逆左顺缠，左下右上成引进式，引进时右腕外折，皆能解脱(图4.67)。

图4.67

动作三：接上式，松右胯，身体右转，右臂略向内屈向下。此时随右臂内屈，肩向右侧发背靠(图4.68)。

图4.68

动作四：接上式，若下大身法肘离地七寸，发大身法靠，此为七寸靠。此靠发击时一定要做好顶劲上领，身法虽屈斜，但仍为屈中求直之身法，决无偏斜之危(图4.69)。

图4.69

动作五：接上式，松左裆，身体左转。同时两拳左下右上划弧向右引，然后再松右裆，重心右移，身体右转，左拳随转体先拳顶后拳背叉于左肋间，同时右拳随翻转臂外掤，向右后发背靠（背靠的发击面包括右大臂，图4.70)。

图4.70

撇身拳又名庇身拳。庇有相互遮蔽、掩护、庇护之意。又以两手护其周身，右手护头，左手护腰，前后皆能照顾，故曰庇身拳。欲要开步时两手从胸中间向两侧平分，右手先，左手后，两手下分时两脚先向外开半步，待右手上引时，右脚同时提起，继而向右侧再开半步，两脚两次外开约1米余，上体亦向右歪斜，腰向内折，眼视左脚尖，使右拳、左肘尖及左脚尖成一直线。周身上下骨节相互照应，务须全身上下一气贯通。正如陈鑫俚语所云：

庇身捶式最难传，两脚舒开一米宽。
两手分开皆倒转，两腿合住劲斜缠。
右拳落在神庭上，左拳叉往左腰间。
身似侧卧微嫌扭，眼神戏定左脚尖。

顶劲领起斜寓正，裆间撑开半月圆。
右肩打下七寸靠，背折一靠更无偏。
右手撤回又一捶，此为太极变中拳。

第十八式　青龙出水

松胯扭腰向右转，左上右下落腰间。
逆缠屈腕向前进，顺缠收回合肋前。
左手立掌右手拳，右侧斜下发栽拳。
左臂屈肘向后发，迅速出击达肘尖。
拳肘齐出一股劲，扭腰旋背力点清。
青龙出水无须停，身体右转合住劲。
暗移重心精神贯，螺旋弹抖向右进。
缠丝顺转人皆能，反道为用事不恒。
屈时含胸身下蹲，上挑发肘击前心。
击技发出连珠炮，只看运用妙不妙。

注释：

动作一：接上式，如有人按住我右大臂，我即松右胯，身向右转。同时双手左上右下，左手逆缠屈于左上方，右臂顺缠向下，左手辅助右手一齐向右侧后发捌劲。二劲归一，眼视右侧(图4.71)。

图4.71

动作二：接上式，捌劲发过之后，若我右侧前面来敌，我则松左裆，身体左转，两手随身体旋转，左手下旋于左腿外侧，右手逆缠以拳背右前发进拳，意指彼

小腹处 (图 4.72)。

动作三：接上式，右拳顺缠收向右肋处，在右拳回收的同时，左掌变拳逆缠向右侧发撩拳，指向彼小腹处(图 4.73)。

动作四：接上式，左拳顺缠收回，意欲单手捋住彼一手向左侧带来。在左带的同时，右拳向右前发斜下栽拳，直指彼小腹部。此动作是连续发击之法。迸拳之后连撩掌，撩掌之后接栽拳，循序连击，一气呵成(图 4.74)。

动作五：接上式，栽拳之后，如有人抓住我手腕，我即顺缠随胸一齐发弹抖劲，同时右臂内屈 180° 向上发挑肘。发上挑肘时，左肋束，右肋张，上下形成对拉之势，促使上挑肘力点清晰(图 4.75)。

青龙出水，又名指裆捶，背折靠。庇身拳之后，继而身体向右转，同时左拳上升，屈肘竖于上侧。右拳下转落于右腰间，随即变逆缠向右前发迸拳，此时左手起辅助作用落于左腰间，继而双手向右边合，左手变立掌竖于右前方，右拳心向上蓄于右腰间。然后左脚蹬地，劲起于脚跟，行于腿，以腰为主宰，扭腰旋背向身体两侧发力。右拳向右前下发栽拳，同时左肘向左后偏上发后肘，两臂螺旋缠丝抖

图 4.72

图 4.73

图 4.74

图 4.75

出，犹如蛟龙出水，迅猛无比，故曰青龙出水。青龙出水之后，右拳变掌下落，左拳变掌向右伸，两手构成捋状先向左捋，重心左移，继而右移，在右移重心的同时两掌变拳，协助右肩向外发背靠，故曰背折靠。但此乃为中圈，翻拳向上发击则为小圈，闪惊发击更为玄妙，绝非一日之功。

指裆捶是指向对方裆内发下栽拳的意思，朝对方阴部或小腹处发击。

上挑肘是背靠之后，右臂内屈180°随身体下合，继而外开，向右上方发上挑肘。但须明白蓄合开放只是在一瞬间完成的，发肘时身体上下形成对拉之势，有利于稳固重心和力点清晰，故曰上挑肘。望演练者用心演练，三劲皆可用短劲连珠炮式发击，无须大开大合。

第十九式　双推手

背靠之后连按手，出手动作须紧凑。
扭腰旋背重心移，右脚提起侧向踹。
双手合住大捋劲，捋到中线且放松。
两臂放松皆右摆，右脚前上左脚前。
左脚速跟脚点地，含胸张背向外推。

按劲之后的捋、采、挒用法与拦扎衣

变六封四闭图相同。

注释:

动作一：接上式，青龙出水之后，松右裆，身体右转，重心右移。在移重心和转体的同时，双手同时右前左后向身体右侧发按劲至彼胸处，眼视右前方(图4.76)。

图4.76

动作二：接上式，按劲之后，松左裆，右脚蹬地，重心左移，在移重心的同时，左手逆缠下捋，右手切掌劲达掌根。随着大捋，身法渐捋渐蹲，直至右手捋到身体中线，将彼捋至趴于地上为止(图4.77)。

图4.77

动作三：接上式，待右手捋到身体中线时，双臂放松，左臂左伸与肩平，右臂内屈轻贴在左乳房上，双掌心向前。此时左脚向左外摆，身体继续左转，同时提起右脚悬于裆内，向右侧前发侧踹脚，此时面向西北(图4.78)。

图4.78

动作四：接上式，如不发侧踹脚即可前上落地，落地时脚后跟先着地，继而踏实，左脚随着跟步虚脚点地。在右脚落地的同时，双掌右前左后，一齐向右侧前发双推掌(图4.79)。

图4.79

第二十式　肘底看拳

图 4.80

左下右上两侧分，身体左转渐渐行。

眼视右左再向前，左上右下变为拳。

左脚随手向前上，脚尖点地左前方。

左手竖起阴阳掌，发拳重心向左移。

随机应变可变掤，右拳横击腹肋胸。

注释：

动作一：接上式，双推手之后，两手左下右上转，继而变右下左上，左手向上时领住左脚向左前方上半步脚尖点地，两脚相距约30厘米，左臂内屈竖掌于左前方。右掌变拳藏于右肋前(图4.80)。

图 4.81

动作二：接上式，松左裆，右捶逆缠向前，然后经左肘下向前击。或者双手按罢，右手先略左然后向上划弧 掤住对方来拳。继而上左步，左手接住彼向左上 掤，在左 掤时右手向下变拳，逆缠向左侧偏前击之(图4.81)。

所谓肘底看拳，是指一臂内屈竖起掩护，另一拳从肘下偷袭之意。正如陈鑫俚语所云：

左肘在上，右拳在下；胸有含蓄，侧有俯察。

左脚点地，右脚平踏；两膝屈住，裆

中阔大。

神完气足，有真无假；承上启下，形象古雅。

第二十一式　倒卷肱

右拳变掌向前击，严防前方枪扎膝。
继而提起左脚退，弧线划出左外侧。
脚尖微微先着地，继而踏实稳重心。
左手随着左腿下，由内向外徐徐拨。
重心继而移后边，双臂前后大展开。
如敌抓住后手腕，松裆含胸速折回。
周身上下皆合劲，一场虚惊化为夷。
大开大合随意走，左右循环皆相同。
松胯屈膝裆下塌，松活开合任走化。
三步退换变大捋，大捋之后接白鹤。
喜看珍珠倒卷帘，气贯周身阴阳来。
倒步两脚随更换，左顾右盼随手转。
前手后手一齐击，不丢不顶意在先。
身法有正皆无偏，虚实开合十分圆。
两腿退换向后行，尤如日月转无声。

注释：

动作一：接上式，肘底看拳之后，身体左转，左手顺缠螺旋由内向下行至膝前然后外拨，同时右拳变掌逆缠向前，然后向右掤击，眼视前方(图4.82)。

图4.82

动作二：接上式，重心左移，左手由下渐而向上与肩平，如有人抓住我左腕，继而屈肘内折解脱于左肩处，掌心向前，右手顺缠屈臂于胸前，掌心向上(图4.83)。

图4.83

动作三：接上式，重心完全移于左腿，同时提起右脚由内向外划弧后退。在划弧后退时先平行交叉，然后左掌前击，右肘后击。至于哪为主，哪为次，应根据情况而定，而后重心右移，双手前后展开，然后右臂屈合解脱，周而复始(图4.84)。

图4.84

练倒卷肱时，左脚先倒行，手随着从上往下倒转，往后倒而卷之。欲倒卷先随身体走，手即随之，配合胸腰开合转化，肘有后击之意，故曰倒卷肱。

倒卷肱时劲由手指肚由内至下，由下至外，再由外上缠，归至腹内，是倒缠劲、斜缠法，自腋下斜缠至手，再由手缠到肩里边，由肩里边由内而下，然后再上，重归至腹内，斜缠至指肚，此是半圆身法。脚法皆是随手法倒缠后退行之。左手在后，由后到前，右手到后，右手再由后倒转到前，则左手即倒转到后，左手到上，右手到下，左右迭换，周而复始。脚的退行随手法一起走，向后曲线走1米左右，缠法皆是由内至下、至外、至上，周而复始。但在旋转过程中，要注意胸腰的配合，内含时后手有解脱之意，前手有前击之能，裆要随腰活顺，做到腰如车轴手如轮。在轴心的带动下，两臂在两侧随气而上下不停地运转，往后倒行。正如陈鑫俚语所云：

帘看珍珠倒卷，正气贯注中间，阴阳来回更换，随机左顾右盼，退行有正无偏，一气相贯，似两个车轮旋转，莫仰首远瞻，莫颠脚高悬，仔细看看两面左右手，真信得太和元气倒转十分圈。

第二十二式　白鹤亮翅

接上式，待重心完全移至右腿时，左脚后退以脚尖点于右脚内侧，同时双手右前左后在身体右侧构成捋式，然后左脚向左后退步，继而松左胯，给右胯，重心左移，即移即捋，其他与第八式白鹤亮翅动作相同。

第二十三式　斜行

接上式白鹤亮翅，与第九式斜行相同。

第二十四式　闪通背

双手左掤重心移，复回下捋劲则齐。
左脚提起向后倒，两腿铺地有其妙。
左接右搭随身走，翻身下捋紧相连。
左右大捋皆未休，起身撤步向回收。
继而落地左前上，周身上下蓄如弓。
速疾左转向前抖，不击胸腹专铲喉。
左右大捋速度快，起身接手如闪电。
前穿发掌达指尖，右穿左按不可偏。
下蹲蓄合气归丹，上行气通脊背肩。
翻体旋转向东转，落脚踩碎足下砖。
左脚前上两臂开，下式紧接掩手拳。

注释：

动作一：接上式，松左胯，重心继续左移，同时双手左前右后向身体左侧掤出，周身以脐为界，上下形成对拉之式，两手构成欲捋之状，眼视左侧（图4.85）。

图4.85

动作二：接上式，松右裆，身体右转，身法渐而下落，双手随着身体下蹲右顺左切掌向右侧捋，在意念中将对方捋趴于地（图4.86）。

图4.86

动作三：接上式，待左手捋到身体中线时，身体速上起，在意念中视前面又有来敌，我则先用左手顺缠接彼，继而右手前上搭于彼大臂。在左手前上的同时，提起左脚向身后倒步，身体左转，两手随转一齐向下捋之，大身法直至双腿内侧铺地，彼才无有走脱之机可乘(图 4.87)。

图 4.87

动作四： 接上式，待右手捋到身体中线时，身体随即上起，同时右脚前上外摆，右手继而上抬，继而向右外拨。待右手行至身体右侧前时，左手前上接住彼臂再向左侧 掤，左手前上时，左脚随之前上，右掌下落于右肋处，重心左移，身体左转，在移重心和转体的同时，右手向前斜上发穿掌，直击彼咽喉（图 4.88)。

图 4.88

动作五： 接上式，穿掌之后若敌从身后而来， 我即松右胯，身体右转，右手随之逆缠，臂略内收，肘略上抬，随着转体向身后发后背靠或肘劲(图 4.89)。

图 4.89

动作六： 接上式，转身发劲毕，身体转向面朝东，在旋转的同时，双手左上右下，继而在体前交叉。在转体的同时，右脚提起随着双手交叉震脚下踩(图 4.90)。

图 4.90

穿掌之后身体略下蹲，周身蓄而合，气归于丹田之中，继而以背靠向右开击。这其中的一合一开，一引一击，都是在一瞬间完成的，合时有引进闪击、气归丹田之意，开击时气行于上，通达于背，故曰闪通背。

第二十五式　掩手肱拳

接上式，双手在体前相交之后，身体前后两侧分开，随即内合，左手竖掌立于左前方，右拳蓄于右肋处，继而右脚蹬地，重心左移，扭腰、旋背、抖肩出拳，其要点与第十五式掩手肱拳相同。

第二十六式　六封四闭

接上式，重心继续左移，两手向右前方构成捋式，继而下捋，待右手捋到身体中线时，继而向左外摆出，再松右裆，双手右按，其要点皆与第五式六封四闭相同。

第二十七式　单鞭

接上式，单鞭的运动路线、要点皆与第六式单鞭相同。

第二十八式　云手

一手落来一手起，两臂旋转如车轮。
上欲发劲下欲引，只有引进才打人。
吸气引合意欲发，呼气发力意在先。
运手旋转如拉线，中正运转不可偏。

双手旋转领双脚，四面转换如舞旋。
两手翻转与眉齐，中气徐徐贯脊背。
并插摆脚步法奇，双悬日月照乾坤。
前后运手皆相同，左顾右盼皆呼应。
全身虽分上中下，三节却是一脉通。
双手旋转不离中，不丢不顶不可空。
左右循环虽如此，引化运机奇更奇。
上下行气不停留，一来一往运一周。
自古太极阴阳理，何惧万物不运身。

注释：

图4.91

动作一：接上式，松左胯，给右胯，重心继续左移。在重心左移的同时，右脚提起向左脚后方插步，继而左手顺缠变掌心向左，右勾手变掌螺旋下行到身体中线，掌心向左，眼视左侧(图4.91)。

图4.92

动作二：接上式，重心右移，提起左脚，有侧踹之意。若不发踹脚，即向左侧跨步，同时两手左下右上转，左侧成插裆引进之式，右大臂向右外开击(图4.92)。

图4.93

动作三：接上式，重心左移，左臂随之向左开击，同时提起右脚再次向左插步，其手法要点同动作一(图4.93)。

需要注意三点：其一，向左侧云步数次后，可更换步法向右云，待右脚插步行至与肩同宽时，脚尖虚点于左脚内侧，继而再提起向右侧跨步，然后重心右移，继而提起左脚插于右腿后方，其要点皆同左，周而复始。其二，如向左行时，以左侧开击为主，右侧为副；若右行，则反之。其三，双臂在旋转时，两肩胛骨松开，左上右下如一线相牵，不能有丢顶，如春风摆柳，随势张扬，周身上下，一气贯通。身法运转时，如乘江河小舟，波浪滚滚，悠悠荡荡，连绵不断。

云手是两手在身体两侧左右划圆翻转，左手管左半身，右手管右半身。引时以手随肘，以肘随肩，以肩随腰。外开时以腰催肩，以肩催肘，以肘领手，两手内外翻转形似行云，故曰云手。正如陈鑫俚语所云：

双手领双脚，左右东西舞，先由左手领，
右手随西去，右脚亦收西，两手与眉齐。
两手去尺余，内外转徐徐，中气贯脊中，
不可歪一处，右脚收回时，左手则向西。

又曰：

两手转换东复西，两脚横行步法奇。
来回运气恒不已，双悬日月照乾坤。

第二十九式　高探马

右脚前上跨半步，手臂相交向上引。
左掌搭在右大臂，左拿回击双重意。

左上右下两侧分，实脚由左向右移。
放弃探马切先慢，左转左臂怀中揽。
右掌不按变成拳，立肘肱击谁敢犯。
左手接住敌人手，随即转身向左捋。
折腕解脱腰相随，左肘右掌两侧分。

注释：

动作一：接上式，如云手向左运，左手随重心左移，由中线向左略偏后顺缠平开，同时右手顺缠向下领住右脚向东北方向上步。待右脚落地后，身体继续左转，右手继续向左偏上引，在右上引的同时，左手先上，向反方向先逆后顺缠向右与右臂相交合。然后以拇指搭于右大臂上，掌心向外，周身上下形成引进欲拿之势，眼斜视右侧(图 4.94)。

图 4.94

动作二：接上式，若左手向左开时，先螺旋向上接住彼手，继而向左引。右手领住右脚向前侧跨时，右臂由下向上插于彼臂内侧，继而向左含胸、束肋、沉肩、坠肘，在重心略右移的前提下，左手顺缠，与右大臂逆缠合劲拿之(图 4.95)。

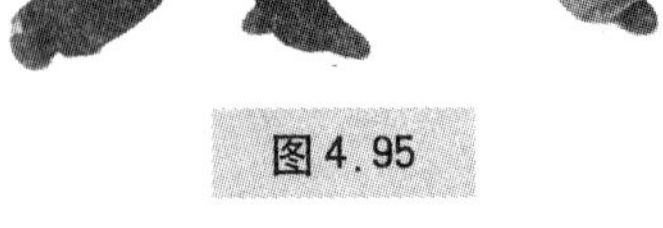
图 4.95

动作三：接上式，云手时如彼从右侧按我大臂，我则先下而后上引之。同时右脚侧向前上，周身蓄合，继而松右裆，身体右转，右臂随之顺势向后发背靠，同时左手辅助随之(图 4.96)。

动作四：接上式，如不用拿法，不发背靠，则松右胯，重心右移，双手随开胸继而向前后两侧开展。此时如彼抓我右腕，我则速松左裆，含胸、扣肩、身向左转，右臂随着顺缠内屈，皆可解脱(图 4.97)。

动作五：接上式，若前侧有敌来，我则松左裆，身体左转。同时左手揽住彼后腰向怀中内带，在内带的一瞬间，右屈臂变握拳立肘向前发击(腰拦肘)即可。要求做到有机配合，协调一致，整个动作一气呵成(图 4.98)。

动作六：接上式，此式移重心、转体要点皆同动作五。在转体时左手向内收，有捋住对方内带之意，同时右掌由肩前逆缠向右侧发推掌(图 4.99)。

探马是形容马高大，骑之先用手探其鞍，此招与探鞍有相似之处，故而得名高探马。在云手将终时，右脚向右前上步，约1米。继而右臂由下向上引之，同时左手由左向右搭于右大臂中间，掌心向外，周身蓄合，有插裆引进、欲拿、欲发背靠之意。在平时的演练中应养成习惯，推手时应用更为灵活方便。正如陈鑫俚语所云：

八尺以上马号龙，泰山独立第一峰。

图 4.96

图 4.97

图 4.98

图 4.99

只为欲乘千里驹，高探超达马服封。
冀北空群得最难，形高八尺不易采。
果能立势超流俗，千里一日解征鞍。

第三十式　右擦脚

第三十一式　左擦脚

左腿盖步右腿上，两臂旋转合胸前。
双手掌心旋向外，两臂外掤内月圆。
屈膝下蹲合住劲，脚踢手拍空中迎。
脚落右转一百八，面北背南身下蹲。
二次欲要左脚起，斜视左侧须认真。
手拍脚踢运足气，顿时满天血星飞。
高踢下颏居于上，低踢阴部居于中。
昼夜下功多多演，拳打万遍神理现。
左右轮换横西东，上抬脚面须展平。
疾起慢落稳重心，运用缠丝方有力。

注释：

动作一：接上式，高探马之后，两手各在身体两侧划弧向身体中线欲要合击时，左上右下，有向彼腹背合击之意。合击时气向下行，双肩沉而扣，胸内含，腹鼓荡，力点才能清晰有力(图4.100)。

图4.100

动作二：接上式，如不合击，双手左上右下交叉于胸前，继而外掤，然后向身体两侧发肘，直至彼胸腹处(图4.101)。

动作三：接上式，若不发肘，双手交叉时左脚盖在右腿上。继而重心左移，右脚向身体右侧上方直踢。在上踢的同时，双掌向身体两侧分开。然后向下与右脚面相合拍击，脚的指向低于裆，中于腹，高于喉，手与头或脚面相击(图4.102)。

图4.101

图4.102

动作四：接上式，脚下落，双手交叉面向北，继而上踢与左手相拍合，其方法要点与右脚同。

高探马之后，两手在身体两侧各划圆弧后在胸前相交，然后变外掤，同时左脚提起盖于右腿上方，身体随即下蹲。继而将重心渐渐移至左腿后，右脚向身体右上方踢起。两手同时随着起脚向身体两侧分开下拍，右手与右脚在空中拍合。然后渐而落地，待右脚下落的同时，两手从两侧下合交叉于胸前，随即右脚尖外摆。然后身体向左旋转180°后，身体下蹲成坐盘步。渐而再将重心移于右腿后，左脚接着向左侧上方踢起，在踢起的同时两手由下向上再下拍。左手与左脚在空中合击。双方两侧左右插脚都是起刚落柔，故曰为左右擦脚。正如陈鑫俚语所云：

先将左脚向南横，上抬右脚面展平。
右手从左先绕转，下打上踢两相迎。
面南左脚定根基，右手下迎不烦思。
浑身合住弯似弓，东撮西打自相随。

第三十二式　左蹬一跟

左脚拍合空中旋，随身左转复归原。
脚尖虚点右内侧，双手相交在胸前。
右脚独立左脚悬，脚蹬拳翻两侧开。
身法有正则无偏，左右齐舒列两边。
左脚向东蹬一跟，全凭一木上冲天。
两手忽聚而忽散，浩然元气贯中间。
右脚下伏是基础，只看左脚空中悬。

注释：

动作一：接上式，左擦脚之后，身体向左旋转180°。随着身体的旋转左脚下落向左摆，然后悬于裆内，同时双掌由两侧向中间合，继而变拳交叉于腹前，左外右内，继而左脚侧向蹬出，两拳左逆右顺缠向两侧进击(图 4.103)。

图4.103

动作二：接上式，左擦脚后左脚下悬，双掌内收，皆同前动作一。所不同的是：左脚下落时不悬于裆内，而下落以脚尖点于右脚内侧，继而重心左移，在左移的同时右脚提起向右侧跨步，双拳也随之变掌向两侧展开。然后重心右移，左脚随之提起悬于裆内，双掌内合交叉于腹前，继而左脚再向左侧蹬击，双掌可变双拳向两侧展击。此种方法与动作一所不同的是，对远敌而用。总之，动作一转身后手脚正好皆可击之，如离己身太近无法施展，只可用动作二之法先诱敌右跨，而后反击(图4.104)。

图4.104

左蹬一跟，即左擦脚结束后脚不全然落地，身体向左转180°，左脚尖点于右脚内侧。两手相交腹前，提起左脚以脚后跟内侧蹬出与腰平，两拳同时向身体两侧逆顺缠迸出。又曰：全凭一木上冲天。从八卦方位来讲，一木之意为震，震为木，为右脚独立在下之意。正如陈鑫五言俚语所云：

左脚朝上踢，局外皆不识。
尔裆只一下，随即命归西。

第三十三式　前趟拗步

蹬跟之后，左脚渐而落地，其他动作及要点皆与第十一式拗步相同。

第三十四式　击地捶

东蹬之后莫稍停，自动弹收入界中。
脚跟着地渐踏平，五趾抓地涌泉空。
右脚蹬地重心移，两臂翻转莫迟疑。
腰劲下塌向前催，塌掌坐腕向前推。
右脚提起续向前，右下左上同相连。
左脚两次向前上，二次斜踏东北方。
如若有人从后搂，身体左转发后肘。
顺势发出右栽拳，左右两侧皆不闲。
转过脸来向东看，松胯回肘望敌男，
此为双闪连环肘，不击皆可顺其柔。

又曰：

连三赶步腰脚健，深入虎穴用手探。
转身出手向前掷，此乃神土一把献。
放开大步向前贪，一捶击敌命归天。

注释：

动作一：接上式，前拗二步，重心移至右腿，同时提起左脚向隅角西南方向上一大步。在上左步的同时，右掌下行经右膝前向右外拨，左手由下向上屈臂于左侧前，眼视左侧(图 4.105)。

图 4.105

动作二：接上式，松左胯，重心左移，在移重心的同时，左肘从左膝下绕过，继而向左后斜上发肘，右手随之，由掌变拳向左侧前发下栽拳，直指彼小腹处。同时左肘可向左后发后肘(图 4.106、图 4.107)。

动作三：接上式，松右胯，给左胯，身体右转，重心左移，左移重心的同时，两臂左下右上，左拳随之下插于左腿外，右臂屈肘向右后斜上发肘，并有顺肩向左侧滑引之意(图 4.108)。

动作四：接上式，右拳向下发栽拳后，可顺势在地下抓一把土，然后随向右侧转体时，向右前方抛出，其意是指对方眼睛(图 4.109)。

左蹬跟之后，两脚转换向前上步，左三右二，同时两手由两侧起上接下拨。待左脚上到第三步时，脚踏西南方隅角，身体俯下左转，在左转的同时，左臂向身后偏上发肘，右拳发斜下栽拳。此势身法较大，上步速度比其他式较快，因左蹬跟将敌蹬翻在地，趁敌身未起，速贪跃前上，一捶下击制服来敌。在演练时要求身法较大，捶下击直至地面，故曰击地捶。此种捶可连环发击，此起彼落。若发击地捶时，彼从身后抱住我腰，我则可随拳左右下击，肩向左右两侧滑引，两肘轮流后击，即引即击，故也可曰双闪连环肘。

图 4.106

图 4.107

图 4.108

图 4.109

击地捶又称神仙一把抓，是形容在危急中速弯腰在地上抓一把土，起身回头向敌扑面抛去，转危为安取胜之意。总之，击地捶(或神仙一把抓)，虽拳、肘是向前后两侧发击，但其劲实是合二为一，一气贯通，则不可视为二也。

第三十五式　踢二起

敌按我背向下合，旋臂右转向后发。
发过转体一百八，左脚内旋右脚摆。
中气上领身莫偏，右跟后摆意在先。
转体正西右脚点，两臂随转两侧开。
左上右下屈两旁，双腿下蹲周身合。
右脚蹬地跃上天，双手前后形似鞭。
左后右前不停留，右手右脚拍在空。
左脚先起诱敌来，二起连环妙中玄。
双脚跃地腾空起，全凭太极真精神。
精神提起闻空声，跃踢双脚空中悬。

注释：

动作一：接上式，松右胯，重心左移，身向右转至面向西，在向右转的同时，两臂随之左上右下，左拳内合微里扣，做好右侧的辅助工作。右臂以右拳背外侧为主向右下发砸拳，直指彼臂或腹部(图4.110)。

图4.110

动作二：接上式，重心右移，身体右转，左脚提起向左前方直踢(彼胸腹处)，在前踢的同时，左臂略前伸，右臂向右后伸(图 4.111)。

图4.111

动作三：接上式，左脚踢后继而回收身体速向左转，在左转的同时，右脚蹬地而起向右前方直踢。两手由拳变掌，各在身体两侧划弧，左掌由前向下然后伸，右掌由后而上，然后向右前伸与右脚面相拍合。此式为高踢法，指向彼胸和咽喉，右下拍指向彼头顶或盖其面部即可(图 4.112)。

图4.112

击地捶将终，我即身向右转发肘。使敌人顺肩向左方跌出后，随即身体右转 180°。然后右脚随之向后摆划弧(以脚后跟为击点)，脚尖点于右前方。继而在重心右移的同时左脚跳起，右脚随之蹬地上踢与右掌在空中拍击。因左右两脚先后跃起离地数尺上踢，故曰踢二起，又曰二起脚。正如陈鑫俚语所云：

中气提来膂力刚，连环二起上飞扬。
若非先向东伏脉，西击何能过鼻梁。

第三十六式　护心拳

右脚落地左脚跟，双手向前齐并进。
两手形成大捋势，以腰为界上下分。
左手向外逆缠进，右手屈臂向外挪。

左跨右跟虚点地，平捋双手紧连随。

插裆引进右腿伸，转身肘从膝下运。

击过内旋屈腰间，心气下降裆开圆。

右肘顺缠蓄肋间，抖肩发劲催向前。

劝君发力莫前贪，弹抖只在一瞬间。

注释：

动作一：接上式，二起脚之后，左先右后两脚相继落地，继而右脚向右侧前隅角东南上步，左脚随之提起前上，以脚尖点于右脚内侧，同时两手右前左后向身体右侧按击，眼视右前方(图 4.113)。

图 4.113

动作二：接上式，重心完全移于右腿，提起左脚向左侧后隅角西北跨步，继而重心左移，在移重心的同时，提起右脚向左侧跨步，以脚尖落地，点于左脚内侧，双手在移重心、提右脚跨步的同时，左逆右顺缠向左侧将彼捋出(图 4.114)。

图 4.114

动作三：接上式，捋终若彼抓住我右手腕，我则身体右旋，右脚随之向右侧南方跨步，右手先逆缠经胸前斜下插，继而向右后，待右手缠到九分时，身体速向左转变顺缠向上，即可解脱。左手在右手向下逆顺解脱时，先上然后经胸前向左侧斜下插，作为右侧的辅助(图 4.115)。

图 4.115

动作四：接上式，继而松右裆，身体右转，双臂左上右下转，在旋转的同时，右肘随身体下俯发后靠劲(图4.116)。

图4.116

动作五：接上式，靠劲发毕，右拳先逆后顺转，然后立肘蓄于右肋处，左手下落屈臂外挒，拳心向内，继而松左裆，身体左转，右臂以立肘向前催发，直至对方胸腹(图4.117)。

图4.117

踢二起之后，左右两脚先后落地，右脚随之上前，左脚随之前上点于右脚内侧，双手同时在身体右侧变成捋状。在向左捋时，左脚向后方倒跨一步，继而右脚随之提起跟步，脚尖点于左脚内侧。待右手捋到身体中线时右手向上，然后左划弧变拳。在右手划弧的同时，右腿提起向北方伸出，身体上下形成对拉姿势。此为插裆引进之法。之后重心右移，右臂变屈肘，以肘从膝下绕过，有靠击之意，手腕渐渐内旋，然后徐徐上升，屈合于右肋处。在右肘下旋时，左掌变拳竖立于身体左侧。接着右肘向前发劲，同时左拳向右，然后下落藏于肘下，肘则在胸前略偏右。此招既能护敌进侵我身，又能护胸，故曰护心拳。

第三十七式 旋风脚

右脚提起向外摆，坐盘西北背向南。
两手相交在胸前，双臂外 掤内撑圆。
左脚飞起平身转，手脚拍击在空间。
脚手空旋速如雷，顿时空中血腥飞。
起脚身体需中正，独立两臂求平衡。
中气下塌莫上提，骨节舒展旋转利。
太和元气贯周身，久练精巧妙如神。

注释：

动作一：接上式，松左裆，身体略左转，然后右转，在右转的同时，双手右前左后向右侧按击。此式与护心拳动作一用法相同。

动作二：接上式，松左裆，身体左转，在左转的同时，双手向左侧平捋，使彼向左侧后跌出，此式与护心拳动作二相同。

动作三：接上式，提起右脚向右外摆，在外摆的同时，双手由捋变右上左下交叉，然后身体即向右旋转，即旋即蹲成坐盘式，面向北，双手随着下蹲变渐而外掤(图4.118)。

图4.118

动作四：接上式，身体略上起，同时提起左脚上踢，然后随着身体右转扇形摆击彼背部，双手随着右转向两侧平伸，左

图4.119

手以掌心在空中横掌击彼胸或面部，二劲相遇成反叉一开一合，但实为一劲（图4.119）。

第三十八式　右蹬一跟

旋风脚之后左脚落地，继而右脚提起，两掌变拳合于胸前，左脚五趾抓地(独立支撑全身重量)，右脚侧脚平蹬，同时两拳向身体两侧平行螺旋外迸，故曰右蹬一跟。其技击要点皆同左蹬一跟。所不同的是：眼视方向；左右之别；右蹬一跟之后，身体右转的同时加斩手。可参阅左蹬一跟一式。正如陈鑫俚语所云：

眼前壁立巍天关，剑阁中空谷口间。
若遇英雄初到此，一脚踢倒万重山。

第三十九式　掩手肱拳

右蹬之后斩手，斩毕右脚落地，双臂内合，其动作方法及要点请参阅第十五式掩手肱拳。

第四十式　小擒打
（又名小擒拿）

敌抓我手莫慌张，先泛后沉拳上扬。
右脚前迈拳上冲，身蹲腕切自然松。

图4.120

扬掌接住敌右手，左脚前上后变弓。
手臂合住周身扣，拿彼骨节锁劲路。
右引左掤亮起肋，一掌下坐敌命休。
一阵东攻一阵西，西而又西奇更奇。
至此始知擒拿劲，含蓄扣合皮毛弓。
忽顺忽逆听彼劲，兼施并用才算精。
虽然此招如此用，不下苦功绝不行。

图4.121

注释：

其一，小擒打：

动作一：接上式，掩手肱拳之后，若彼抓住我右手腕部，我右肘先略向上泛，继而下沉。在下沉时右脚随之前上，以脚后跟先落地，同时右拳先逆缠略下，继而顺缠随沉肘而上起，左手前上搭于右臂，然后含胸塌腰，沉肩坠肘，下切解之(图4.120、图4.121、图4.122)。

图4.122

动作二：接上式，解脱被彼抓之手后，我速上左步，右手轻抓彼腕向我右侧捋，继而左手将彼右臂掤起，在一捋一掤的一瞬间右掌前上直击彼胸腹处(图4.123、图4.124)。

图4.123

其二，小擒拿：

动作三：接上式，如待彼抓我腕解脱毕，我速抓住彼手指速上左脚，左臂前伸，将彼右臂置于我左小臂或大臂之上，

图4.124

然后我合劲拿之(图4.125、图4.126)。

所谓擒打是指我以左臂上掤住彼右臂不得下落之时，臂上架，其肋必张，我则乘机用右掌击之。

所谓擒拿，解脱之后，我抓住彼手指，将彼臂放置我大臂或小臂处即可，我则合劲拿之。

图4.125

图4.126

六言俚语有云：

上势演手最红，况兼以奇决胜。
心手眼脚一气，故被我擒预定。

七言俚语有云：

右脚跟随左脚前，左脚抬起再往前。
左手提起似遮架，右手一掌直攻坚。

第四十一式　抱头推山

身体右转右脚收，双手相交面向东。
左腿屈膝向下蹲，双掌膝下两侧分。
含胸束肋合中开，眼睛斜视望右边。
提起右脚侧向伸，重心由左向右移。
周身蓄含合住劲，由下向上斜线推。
向前跳跃腾空起，轻落着地疾速进。
腾空顿步连推山，周身完整气达腕。
欲想有力须合并，更须留心腰脊间。

注释：

动作一：接上式，身体略左转，右手前上与左手交叉，左上右下。继而身体右转，同时提起右脚点地，面向东北，然后左腿下蹲，双手从膝下向两侧分开，渐而合于两耳旁，在两手内合时提起右脚侧向悬于裆内(图 4.127)。

图 4.127

动作二：接上式，右脚在上提的一瞬间侧向下踹，直至彼膝和小腿处。右手可随之逆缠前击。但在下踹时要求劲短、速、快、整，切不可贪长，长则易失势(图 4.128)。

图 4.128

动作三：接上式，如不发踹脚，右脚向右跨步，然后松右胯，给左胯，重心右移。在右移重心的同时含胸、塌腰，气向下沉，两手随之合劲向右侧前斜上，向彼胸腹处推出，劲达两掌根(图 4.129)。

图 4.129

动作四：接上式，此式与动作三所不同的是：双手从膝下分开，然后向两侧伸展继而内合时，左脚提起盖于右腿上，待左脚落地后，右脚继而提起向侧方跨步，待右脚落时双手疾速向右侧推出。注意：盖步跳跃抱头推山是中身法（图 4.130)。

图 4.130

动作五：接上式，小擒拿之后，膝下分合于两耳旁，其要点皆同前。所不同的是：双手从膝下向两侧分时，右脚随之即分即提，待右脚提到所需位置时，两手止好合于两耳旁，继而跨步推掌，左脚随之疾速紧跟发顿步。演练时顿步和推掌的发击点要同时到位(图 4.131)。

图 4.131

抱头推山是一种形象的说法。小擒拿结束后，两手相交，继而转体面向东北；同时身体下蹲，两手在膝下向两侧分开，合于两耳旁形似抱头式，在重心右移的同时，双手向右前斜上推出，形容像大山一样，也能将其推出，有意坚、果断、不示弱之意。抱头推山有三种练习方法：其一，上右步直推；其二，继而跳跃推；其三，也可顿促步坐掌。跳跃用法是彼离我距离较远时用之。顿促步是小身法，发击灵敏多变，劲短速快冲击力大。正如陈鑫俚语所云：

推山何必上抱头，惧有劈顶掳上游。
转身抱首向前进，推倒嵩岳盖九州。

第四十二式　六封四闭

抱头推山之后，下连六封四闭，与第五式六封四闭动作要点相同。

第四十三式　单鞭

接上式，六封四闭之后单鞭，与第六式动作要点相同。

第四十四式　前招

眼顾右手是前招，上领下引把客邀。

先左后右左脚跟，左下右上向外分。

上下相随步法敏，手脚运行皆须齐。

任敌四面来侵犯，手肱抖发显神威。

注释：

接上式，单鞭之后速松左胯，身体左转，同时右手由右向下引之，待右手行至身体中线时，松右胯，给左膝，身法右转，以右臂向右外掤起。在右转的同时，左脚随之前上，以脚尖点于右脚内侧（图4.132）。

图4.132

演练前招时欲动眼看其右手，如有人从东来取我右手或制我胳膊，我即随之向下划弧，然后转一小圈以手与肱肩击之。因单鞭时左为主，右为副，右为后，左为前，突然东边又有敌来侵，速转体换招右击，副变主，后变前，故曰为前招。运用此招，要做到手疾眼快，迟则恐受人制。待右手向下引时，腰裆俱下，上体才能周转，自然活动，下体灵活屈伸，自然容易。至于左手，若右手下引，左手则上领，右手上起外发，左侧由上而下落于左侧前，两手虽一上一下，但实为二劲归一。

第四十五式　后招

前招已过面向北，又有敌人左边侵。
不负素日功夫厚，几乎脑后被人袭。
转身眼望向北招，莫非皆是小英豪。
凭我修炼数十年，功在何怕众尔曹。

注释：

接上式，身体继续右转，重心完全移到右腿，然后提起左脚向左侧跨步，身体左转，右手弧线下合，左手提起，协同右手发挒盖劲向左外。在向左击的同时，右脚随之左跨，以脚尖点于左脚内侧，但也可发左背靠(图4.133)。

图4.133

演练后招时，假设前招将终，又有敌从北面来侵，如何抵御?我身陡然转过头向北，左脚向北跟步，以左手与左肱接住敌手，先引一小圈，然后用手和肱或肩向北击之或挒出，因右先左后，故曰为后招。但在未击之前须先屈肘，若肘不屈，手不引何以击敌。千言万语难诉其妙，只有平时自己多下功夫方可。练拳时虽是独自空转，但应精神贯注，有身临御敌之感，久练才能融会贯通。正如陈鑫俚语所云：

陡然一转面向东，无数敌人来进攻。
若非此身灵敏极，几乎脑后被人击。

第四十六式　野马分鬃

耳听身后眼望前，顾视右左且莫闲。
臂手皆可运上劲，顶劲上领精神贯。
两手外拨旋如飞，中气一线无偏倚。
任他四面围无懈，左右连环破敌阵。
犹若身入万人中，身边能有几敌雄？
螺旋缠丝助左右，飞速发击建奇功。
左接右插入裆中，裆催臂抖飞上空。
右接左插皆相同，上下气机莫停留。
抖发干脆莫惜怜，错过此机空遗憾。

注释：

动作一：接上式，身体右转，重心右移，两手右上左下。这是为野马分鬃打好基础的过渡动作。若敌出左拳侵我，我则以左手接住彼向左后引，然后重心左移，提起右脚前上插于敌裆内，同时右臂紧贴敌胸(图4.134)。

图4.134

动作二：接上式，重心右移，身体右转，在移重心和转体的同时，右臂或肩向右击之(图 4. 135)。

图4.135

动作三：接上式，右肱发毕重心右移，若敌从左侧出右拳，则与右侧接手方法动作要点皆同。不同的是，如敌出右拳击我，我则用左手将彼右手接住，然后向左边引，继而上右步，右手随之一齐插入彼裆内，向上将彼领起向身后掷出(图 4.136、副图 4.136)。

图 4.136

副图 4.136

野马分鬃是人铺地身法的一种特殊演练方法，欲进时顶劲领好，两腿屈住，裆劲要开得虚圆，然后左右分拨前进，形似马跑分鬃一般，故曰野马分鬃。值得一提的是将彼领起向身后掷出一动，难度较大，练习纯熟后方可运用。正如俚语所云：

两手握地转如飞，中间一线贯无倚。
任他千军围无罅，左右连环破敌欺。

第四十七式　六封四闭

注释：

动作一：接上式，野马分鬃之后下连六封四闭。此式六封四闭与前六封四闭有所不同的是，两捋之后复归六封四闭，松左胯，给右胯，重心左移，同时右手前上与左手构成捋势，继而松右裆，身体右转，两手随之将彼捋趴于地(图 4．137)。

图 4.137

动作二：接上式，如左侧前又有敌来侵我，我速向左转体，重心左移，同时左手先上接住敌手向下捋，右手随之前上搭于彼大臂或肘关节，随着上右步身体左转，一齐向左侧捋采于敌。此式与第五式六封四闭搭手捋相同，只是上步转体有所不同(图 4．138)。

图 4.138

第四十八式　单鞭

与第六式单鞭动作要点相同。

第四十九式　玉女穿梭

一引一合身下蹲，两手上托双脚震。
再次上托领起腿，脚蹬旋背右掌推。
右掌收回左掌击，捷步跳跃一整圈。
腾空而起速要快，破敌之后落地轻。
众说一人不抵众，唯我天生神气勇。
其胆刚强非他比，练习纯熟方无虑。
旋转带击出众围，犹如织女弄梭机。
连环出掌谁能比，纵腾神行自古稀。

注释：

动作一：接上式，单鞭之后松左胯，给右胯，身体左转，同时右手向下引，与左手构成合击劲相交，然后身体右转，右脚尖点地，面向东，两手随之右前左后屈肘竖掌于身体右前方(图 4.139)。

图 4.139

动作二：接上式，身体下蹲，含胸、束肋、沉肩、坠肘，两手随之左顺右逆缠下按，待按至所需位置时，速变左逆右顺上托将中气领起，两脚蹬地上跃。继而左先右后两声连响震脚落地，两手随之下按，重心完全移至左腿，双手再变左逆右顺领着右腿向上起，待双掌托至与胸平、掌心向上时身体左转，左手顺缠屈臂向左后开肘，右手逆缠向前发推掌。在发右掌的同时，右脚向前发侧踹脚(图4.140)。

图4.140

动作三：接上式，右脚落地，身体右转，左脚蹬地跃起，随左掌前推同时前上。在左掌前推时，右臂屈肘向右后击肘，成面南背北(图4.141)。

图4.141

动作四：接上式，身体右转180°成面向北。右转时右手领住右脚向外旋摆，旋于裆内，右手变半握拳屈肘横于胸前，左臂内屈，掌贴在右小臂外侧的一瞬间震脚发顺拦肘(图4.142)。

图4.142

动作五：接上式，提起右脚向右外开。在右脚欲落地时，双肘向两侧开击穿心肘，右主左副，左脚可促步相随(图4.143)。

图4.143

单鞭之后，双手下沉，合于胸前相交，右外左内，随身体右转面向北，双腿屈而下蹲，两手在身体下蹲的同时向下按，继而上托，右腿随之提起，随即左脚蹬地向上跃起，接着下落成双震脚。同时双手下按发劲，之后两手再次上托领起右脚向身前平蹬而出，两手在胸腰的配合下右手向前推掌，左臂向后发肘。待右脚平蹬落地后，左脚随即蹬地跃起，左手随之向前发掌，右臂内屈向后发肘，待左脚落地后再向右转180° 面向北。玉女穿梭经过三次旋转达360°，复归原方向面向北。由于在行进间两手右前左后，左前右后，更迭循环，一来一往形似穿梭，故曰为玉女穿梭。正如陈鑫俚语云：

天上玉女弄金梭，一来一往织绫罗。
谁知太极拳中象，兔走乌飞难奈何。

第五十式 拦扎衣

注释：

接上式，双肘开毕重心左移，两手在身体两侧划弧，在右臂内合前伸时，右脚提起向右外跨步，左臂内屈，掌心向外，以大拇指搭于右大臂上，周身上下成引进欲发之势。其他动作及要点与第四式相同。

第五十一式 六封四闭

与第五式六封四闭相同。

第五十二式　单鞭

与第六式单鞭相同。

第五十三式　云手

与第二十八式云手相同。

第五十四式　摆脚跌叉

插步云手已练完，右脚点于左脚边。
精神贯注脚踏稳，右侧飞起扇形腿。
两手空迎劈叭响，望而生畏神鬼惊。
悬而不落待时机，下跌踩碎脚骨肌。
上惊下取君须记，金钩挂玉莫迟疑。
右腿一摆已难猜，一脚扫倒凤凰台。
浩然之气运吾身，任他四面围来敌。
手脚飞起齐横击，手停脚落事皆齐。
手合脚震精神聚，全凭元气包身区。
左脚擦地蹬自利，右股屈住膝挨地。
左拳上冲右拳助，顶劲领住一跃起。
抓我左拳不要紧，右拳直击下颌肌。

图 4.144

图 4.145

注释：

动作一：接上式，云手云到第三次时，右脚虚点于左脚内侧，两手下落左前右后，掌心向左，继而重心右移，身体右转，两手随之由左而上，然后右后捋，在右转的同时左脚前上，继而重心左移，同时右脚前上跟步虚脚点地，眼视右侧(图 4.144)。

动作二：接上式，重心继续左移，身体先左后右转，在左转的同时，右脚向左前上踢起，继而向右侧摆腰或摆背部，两手左先右后在空中相继拍击，指向是彼面部或胸部（图 4.145）。

动作三：接上式，摆毕右脚先悬于裆内，继而下踩彼脚面，右拳皆可斜上穿击彼胸腹(图 4.146、图 4.147)。

图 4.146

图 4.147

动作四：接上式，重心继而移至右腿，然后屈膝下蹲，左脚提起向左侧前蹬出，渐而下落，双腿先着地，随左脚前蹬，两拳向两侧前后分开(图 4.148)。

图 4.148

动作五：接上式，如彼从我右侧来侵，我速向右侧转身，双手按地以左腿向彼扫之，一举取胜（图 4.149)。

图 4.149

演练摆脚时要待云手方终，右脚点于左脚内侧，而后随即向左上踢起，继而右摆与两手在空中拍迎。此招既有横击之意，回头又有迈头扫雪之妙用。

摆脚方终，两掌变拳在胸前相交，右脚摆后悬而不落，然后向下跌脚，继而屈膝下蹲变实腿，同时左脚提起向前伸出，使双腿内侧全然着地，此谓“跌叉”。在左腿提起向前时有前蹬击之意，而跌叉又有诱敌之意。正如陈鑫俚语所云：

一木能支广厦倾，上抬左腿一剑横。
左右两手左右击，先置死地后求生。
上惊下取君须记，左足擦地蹬自利。
右股屈住膝挨地，盘根之中伏下意。
阴阳变化真无穷，只说英雄遇匪攻。
谁料妙机难预定，解围只在一蹬中。
果能太极仔细研，绝处逢生自不难。
天下凡事皆如此，非徒拳艺令人观。

第五十五式　左右金鸡独立

纵身左拳向前冲，右拳伏下辅左动。
左拳前上对下额，右拳继后直攻胸。
左手下捶指向前，金鸡独立稳如盘。
上托下按左右连，何知右膝空中悬。
金蛇抬头向天望，忽然飞起似鹰扬。
只说右手冲上去，谁知暗膝也难防。
右脚下落左脚悬，上伸左掌蹬朝天。
英雄若会其中意，金朝循环一脉传。

注释:

动作一：接上式，跌叉将终，左拳领劲，右脚蹬地一跃而起，在右脚右拳前上时，左拳变里勾直击敌下颌(图 4.150)。

图 4.150

图 4.151

动作二：接上式，左拳上击，如敌抓住左手，我即右拳前上直击敌胸(图4.151)。

动作三：接上式，我若右拳不击彼，即可逆缠向上托掌直击敌下颌，同时右膝提起上撞彼裆部（图4.152)。

图4.152

动作四：接上式，托撞毕，右脚下落震脚踩彼脚面，同时右掌下按于右腿外侧。然后重心先右移，继而左移，在左移重心的同时，双手由右向上接住彼臂向左侧发平捋劲(图4.153)。

图4.153

动作五：接上式，捋毕，两手向左旋，然后向后旋，待左手行至左胯处时，变顺缠领着左腿向上托掌，撞膝技击用法和右侧相同。注意凡上托一侧以腰为界，上下有对拉之意。另一侧蓄合，稳固好重心，对另一侧起辅助作用。

第五十六式　倒卷肱

与第二十一式倒卷肱要点皆同。

第五十七式　白鹤亮翅

与第二十二式白鹤亮翅要点皆同。

第五十八式　斜行

与第二十三式斜行要点皆同。

第五十九式　闪通背

与第二十四式闪通背要点皆同。

第六十式　掩手肱拳

与第二十五式掩手肱拳要点皆同。

第六十一式　六封四闭

与第二十六式六封四闭要点皆同。

第六十二式　单鞭

与第二十七式单鞭要点皆同。

第六十三式　云手

与第二十八式云手要点皆同。

第六十四式　高探马

与第二十九式高探马要点皆同。

第六十五式　十字脚

两手相交右侧旁，左掌向外右掌扬。
大开大合右转击，提起左脚往前上。
重心左移身随转，肘底七寸别有方。
右拳内屈左肘下，右腿提膝半空扬。
继而右脚飞左上，左手击打鬼难防。

左脚蹬地身跃起，转体面向东北方。
左擦右斩速如风，左起右落十字形。

注释：

动作一：接上式，高探马之后，两手在胸前相交，继而重心移至左腿，右脚尖翘起向右外摆，两手随之在身体两侧划弧变左上右下面向西，提起左脚向西南方上步，重心左移。在移重心的同时身体下俯，肘从膝上绕过时发七寸靠，徐徐上起屈臂竖掌于左侧下采，同时右掌接住彼手由上而下顺缠落于身体右侧(图4.154、图4.155)。

图4.154

图4.155

动作二：接上式，重心完全移至右腿，在移重心的同时右脚向左侧上踢起，在空中改变方向变扇形向右，直摆击敌脑后，与左掌扑面相互合击。在实战中此种摆法可以高、中、低并用，掌法基本不变，高于脑后，中于腰，低于脚后跟和小腿皆可。应视敌方向、角度而论，演练时宜高不宜低，因高降低则能灵活多变，低升高则勉强，呆板，不易(图4.156)。

图4.156

动作三：接上式，身体向右旋转，在右转的同时，两手左上右下在身体两侧发斩手，继而左脚跃地而起，右脚下落成十字相交，左脚向左侧前上，两手先合后开，继而再合，左手屈臂竖掌于左侧前，右拳蓄于右肋处。

图 4.157

第六十六式　指裆捶

指裆欲发面东北，拧腰抖肩下栽捶。
移重发击同到位，前拳后肘劲须齐。

注释：

接上式，松左胯，给右胯，重心左移，在移重心的同时，拧腰、抖肩发劲，左肘斜后上发肘劲，右拳直指彼小腹击发，眼视左前方(图 4.157、图4.158)。

图 4.158

第六十七式　猿猴探果

击过小腹不算完，抓住吾手不相干。
沉肩右肘向上泛，先逆后顺向前探。
右腿随拳一齐上，送桃入口谁敢尝。
一木竖立顶千斤，肘膝相随就屈伸。
身分两截有上下，拳击下颏膝撞阴。

注释：

接上式，指裆完毕，如彼抓住我右腕，我则先右后左转，速逆缠屈肘上翻，继而顺缠、沉肩、提拳、上冲，直击彼口或下颏。在右拳上冲时，右腿随提膝上撞彼阴部或小腹处(图 4.159)。

图 4.159

演练者在斩手之后，左手立掌右侧

图 4.160

前，右掌变拳于肋间，重心前移，拳向裆部击打之后，右肘先逆缠再顺缠，上冲直击敌下颌或口，拳形似仙桃送入敌口，在右手上探时右膝随即提起撞敌人阴部。

第六十八式　六封四闭

注释：

动作一：接上式，探果完毕，右脚继而落地，右 拳变掌，左拳变掌右上与右掌构成欲捋之势，继而松左裆，身体左转，两手随之向左侧捋。此是小身法平捋(图 4.160)。

动作二：接上式，待右手捋到身体中线时，松右裆，两手随之右按，同时左脚后跟走弧线向外摆击，虚脚点地。此式与第五式六封四闭要点相同。

第六十九式　单鞭

与第六式单鞭要点皆相同。

第七十式　雀地龙

右脚落地屈膝蹲，左脚蹬地向前伸。
右臂微屈身坐地，脚尖跷起两臂伸。
未被人推身落地，为何下体落埃尘？

上惊下取君须记，转体扫腿未摸清。

注释：

动作一：接上式，单鞭之后，如有人制我左手或左肱，我即左臂内收，在左臂内收的同时，右刁手变拳向左斜上经左臂下前击彼胸(图 4.161)。

图 4.161

动作二：接上式，右拳在左臂下击拳毕，继而重心右移，身体下蹲，直至两腿内侧着地，同时两手随之左下右上向两侧展开，眼视左前方(图 4.162)。

图 4.162

动作三：接上式，若我右侧有敌偷袭，我速向右转体，同时随身体下俯两手按地，然后向右侧发左扫堂腿(图4. 163)。

图 4.163

雀地龙又名铺地锦。此势有诱敌之法。自身突然下落，继而转体，双手按地，用扫堂金鞭扫群敌下臁，未发时两腿一屈一伸，两翅展开形似卧地，故曰雀地龙。

第七十一式　上步七星

顶劲领起精神贯，左冲右随直向前。
重心前移裆领起，双腿一跃离开地。
左拳前击受敌阻，右拳随之击正中。
太极循环如弄丸，盈虚奥秘化波澜。
岂知凡事皆如此，哪有奇方眩人观。
人人各俱一太极，但看用功不用功。

只要日久能无懈，妙理循环自然通。

注释：

动作一：接上式，雀地龙如不发扫堂腿，继而左拳上领，两裆撑劲离地而起，左拳上冲变里钩拳直击彼下颏，右拳随之前上击彼胸腹处。此式与第五十四式摆脚跌叉要点相同。

动作二：接上式，双手相交，拳心向外，左外右里，右拳腕部轻贴在左拳背外侧，继而含胸收小腹，双拳由外向内旋转，待转到双拳上升时变掌，继而上右步，同时双掌随着呼气向正前方发震掌于彼胸腹处(图 4.164)。

图 4.164

所谓七星拳是指双腿铺地跃起前上，两拳在体前构成七字形，内旋变两掌心向外，形似七星。正如陈鑫俚语所云：

脚踢拳打下乘拳，妙手无处不浑然。
任凭四周皆是敌，此身一动悉颠连。
我身无处非太极，无心成化如珠圆。
遭着何处何处击，我亦不知玄中玄。
总是此心归无极，练到佛家一朵莲。
功夫到此仍不息，随心所欲意更坚。

第七十二式　下步跨虎

转身向右发一肘，左脚点地合击胸。
右脚独立如泰山，左脚旋似跨虎行。
两手平捋随身转，落脚背北面向南。
开中寓合大伸展，跨虎身牢裆开圆。
初练上场北为阴，落脚面南柔中刚。

注释：

动作一：接上式，上步七星之后，身体先略左转，右掌随之向左上伸，左拳下落左腿外侧，同时右脚向右侧后跨步，然后身向右转，右臂随之下旋向右后斜下发肘，同时左臂内屈向上，对右侧起辅助作用(图4.165)。

图4.165

动作二：接上式，身体继续右转，重心右移，同时提起左脚点于右脚前侧，在右移重心的同时，双手左上右下向身体中线合击于彼胸腹处(图4.166)。

图4.166

动作三：接上式，若彼从左面击我，我则不击彼胸腹，速变向左转，同时起右手接住彼臂，然后速向右转，发右平捋劲于对方(图4.167)。

图4.167

动作四：接上式，若无人，我则双手领住左脚平身转至面向南，左脚先着地，继而重心左移，在移重心的同时右脚前上，虚脚点地，双手向右后伸，周身劲蓄合，有欲发先蓄待击之势(图4.168)。

图 4.168

演练下步跨虎时，要在上步七星方终，双手左下右上再变左上右下合击后，身体继续右转，右腿稳固好重心，两手上托领住左腿向右旋扫90° 面归南。此式由于双手展开一腿腾空旋转，速度较快，有身跨猛虎之势，故曰下步跨虎。正如陈鑫俚语所云：

平分两手泛轮尻，蜡缩微躯似婴猴。

右手上惊山岭压，右肱下跨虎身牢。

又曰：

泰山压卵居上游，乾错为坤载地球。

乾卦中爻又一变，重离火耀碧峰头。

第七十三式 双摆莲

左脚落地右脚跟，何故跟脚能称心。

只要前上跟半步，远离之敌难逃身。

迈头扫雪双手盖，还须上下多留心。

卸掉上劲让英雄，回头反击定成功。

注释：

接上式，重心完全移至左腿，同时右脚向左上方踢起，继而向右外摆，在起脚时双手前上，在空中与脚相拍合。具体运动路线和技击要点与第五十四式摆脚跌叉相同。

双摆莲位置有高有低，摆脚乃有两

种之意：一是飞起右脚在空中与左右手相拍合，击打位置在胸以上；二是双手捋住敌手时切莫带劲，身形带着后退，敌必乘势前上。而我欲进发击之腿，退而复进，将右脚先稍上，然后右脚插入敌后，双手上领，不加劲使敌无感觉。我随即身向左转，右脚后跟向上提，犹如金钩挂玉，双手随身体一起下盖，使敌魂惊魄散，无处躲避。练此势时注意脚摆为主，手迎为辅。正如陈鑫俚语所云：

右手上托倒转躬，先卸右肱让英雄。
再将两手向左击，左脚横摆夺天工。

第七十四式　当头炮

右脚落地左腿伸，双手下捋贯精神。
太极相传数百年，屈身引进意欲开。
屈膝下蹲周身蓄，当头一炮击顽敌。
弛张形迹皆有律，五谷日月补先天。
双臂微屈半月圆，当头一炮人仰翻。

注释：

动作一：接上式，摆脚之后，右脚落地，左脚前上，双手左先右后向左侧掤出，继而松右胯，身体右转，重心右移，同时两手随之向右略偏下捋(图 4.169)。

动作二：接上式，待左手捋到身体中线时，周身劲皆已蓄好，然后松左胯，给右胯，身体向左转。在左转的同时，双臂左先右后以肱或拳向左前发击，直指彼胸腹（图4.170）。

图 4.169

演练当头炮时应注意，在摆脚将终，右脚下落踏平，并屈膝下蹲，五趾抓地，随即左腿前伸。两手随之合于胸前，周身上下蓄如开弓，继而右脚蹬地，双掌向前击出。此时，两拳形似两门大炮一样猛烈，故曰当头炮。正如陈鑫俚语所云：

图 4.170

开辟刚柔顺自然，一扬一抑理循环。

当头一炮人难防，动静开合太极拳。

又有五言俚语：

太极理循环，相传不计年，此中有精义。

动静皆无愆，收来名为引，放出箭离弦。

虎豹深山踞，蛟龙飞潭渊，开合原无定。

屈伸势相连，太极分阴阳，神龙变无方。

天地为父母，摩荡柔与刚，生生原不已。

奇正不寻常，乾坤如豪篇，太极一大襄。

盈虚消息故，皆在此中藏，至终复自始。

一气连弛张，有形归无迹，物我两相忘。

太极拳中路，功夫最为先，循序无躐等。

人尽百合天，空谈皆涨墨，实运是真诠。

乌飞上高天，鱼跃下入渊，上下皆真趣。

主宰贵精研，若问其中意，道理妙而玄。

第七十五式　金刚捣碓

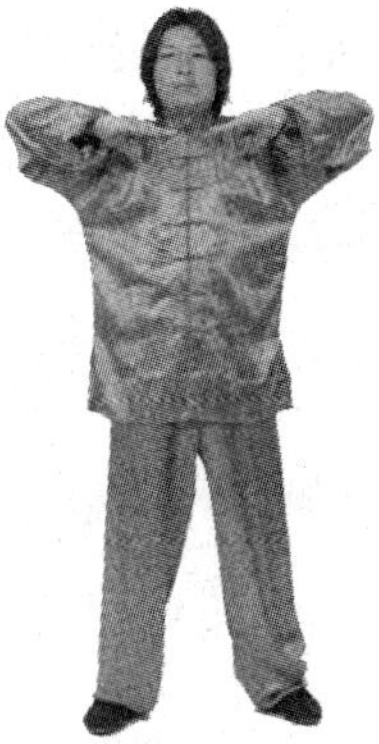

图 4.171

接上式，当头炮之后，松右胯，给左胯，身体右转，同时双手上起，接住彼臂随移重心向右侧捋出。其后动作要点、技击用法与第三式金刚捣碓相同。

第七十六式　太极收式

注释：

动作一：接上式，两臂内屈，双腕外开，继而向上抬起，与肩同宽，两掌心相对，然后握拳屈臂向下，经两耳侧下行于乳头处，两拳变掌向下。但应注意手向两侧分到变拳下降至乳头处变掌时都是吸气(图 4.171)。

动作二：接上式，松胯，屈膝下蹲，在下蹲的同时呼气、含胸、束肋，气向下降于丹田，然后起身收回左脚成立正姿势(图 4.172、图 4.173)。

图 4.172

副图 4.172

图 4.173

副图 4.173

第六章 陈式太极拳老架二路俚语图解

一、陈式太极拳老架二路简介

陈式太极拳老架二路(以下简称二路)，即陈式太极拳炮捶(又名炮拳)，与陈式太极拳老架一路(以下简称一路)有着截然不同的特点和风格，难度也不同。一路拳要求运动缓慢柔和，节节贯串，平稳舒展，以意行气，轻轻沉稳运动，劲由内而外一动全动，身体中正安舒，上下一线协调平衡，处处不失其势，是动中求静、静中犹动的高级活气功，故练一路拳有练活桩功之说。运动时以 掤 捋、挤、按四正手为主，采、挒、肘、靠四隅手为辅。但二路炮捶要求劲力完整、速快、勇猛、活跃、敏捷，套路中的蹿蹦跳跃、闪战腾挪、震脚发劲的拳式动作较多。它以采、挒、肘、靠四隅手为主，以 掤 捋、挤、按四正手为辅。另外，一路与二路炮捶在劲路的曲直缠抖方面也有所不同，一路的运动路线是走曲线，形成螺旋状的弧线形和圆形——缠丝劲。行气时以意导气，以锻炼缠丝劲为主。用意不用力，力求柔软，由松入柔，柔中寓刚，刚中寓柔，但柔多刚少，形似外若处女，内似金刚，并以柔化为主，刚发为辅，形成走化沾粘连随，以静制动，以柔克刚，极为沉重而又轻灵敏捷多变。而二路炮捶虽走曲线，但稍直，其劲力路线也是走螺旋弧线及圆状，两路相比较显得炮捶圈小速猛，但确富弹性，力求坚刚，经过千锤百炼，达到前进、后退、闪战腾挪、劈砍弹抖皆能随心所欲。敌若刚于我，我则以柔克之；敌若柔于我，我则以刚克之，不加思索，遇隙即击，一触即发，如摧枯拉朽，无坚不摧，势不可挡。演练时尽力做到慢而不滞，轻而不浮，沉而不僵，快而不乱，速而不散。无论一路还是二路都要使周身各部位关节放松，发击时必须快、猛、速、脆、整，不可僵直呆板。

二、陈式太极拳老架二路动作名称

第一式　预备式
第二式　太极起式
第三式　金刚捣碓
第四式　拦扎衣
第五式　六封四闭
第六式　单鞭
第七式　护心拳
第八式　跃步斜行
第九式　回头金刚捣碓
第十式　撇身拳
第十一式　指裆
第十二式　斩手
第十三式　翻花舞袖
第十四式　掩手肱拳
第十五式　腰拦肘
第十六式　大肱拳
第十七式　小肱拳
第十八式　玉女穿梭
第十九式　倒骑龙
第二十式　掩手肱拳
第二十一式　裹鞭炮
第二十二式　兽头式
第二十三式　披架子
第二十四式　翻花舞袖
第二十五式　掩手肱拳
第二十六式　伏虎

第二十七式　抹眉肱
第二十八式　左右黄龙三搅水
第二十九式　左冲
第三十式　右冲
第三十一式　掩手肱拳
第三十二式　扫堂腿
第三十三式　掩手肱拳
第三十四式　全炮拳
第三十五式　掩手肱拳
第三十六式　捣叉捣叉
第三十七式　左耳肱右耳肱
第三十八式　回头当门炮
第三十九式　变式大捉炮
第四十式　腰拦肘
第四十一式　顺拦肘
第四十二式　窝底炮
第四十三式　回头井拦直入
第四十四式　收式
第四十五式　太极还原

三、陈式太极拳老架二路俚语及技击分解动作名称

第六式　单鞭
第七式　护心拳
第八式　跃步斜行
第九式　回头金刚捣碓
第十式　撇身拳
第十一式　指裆
第十二式　斩手
第十三式　翻花舞袖
第十四式　掩手肱拳
第十五式　腰拦肘
第十六式　大肱拳
第十七式　小肱拳
第十八式　玉女穿梭
第十九式　倒骑龙
第二十式　裹鞭炮
第二十一式　兽头式
第二十二式　披架子
第二十三式　伏虎
第二十四式　抹眉肱
第二十五式　左右黄龙三搅水
第二十六式　左冲
第二十七式　右冲

第二十八式　扫堂腿　　第二十九式　全炮拳
第三十式　捣叉捣叉　　第三十一式　左耳肱右耳肱
第三十二式　回头当门炮　　第三十三式　变式大捉炮
第三十四式　顺拦肘　　第三十五式　窝底炮
第三十六式　回头井拦直入

四、陈式太极拳老架二路技击动作俚语图解

1．二路动作示范，由长子王占海和徒弟张保忠示范演练，拍成照片，穿浅色衣服者为主，穿深色衣服者为副。不足部分动作示范由长子王占海演练补照。

2．二路的开式是由金刚捣碓开始的。因一路收式是面向南，为半套拳，继而演练二路，所以是直接由金刚捣碓开始，面南背北，左东右西。待二路练完面向正北收式后，一二路合归才能算一套拳。

陈式太极拳老架二路的前五式与陈式太极拳老架一路的前五式动作要点相同，此处不再重述。

第六式　单鞭

第七式　护心拳

移重心右撩左斩，提左脚右斩左撩。
一腿独立涌泉空，一脚下垂裆内悬。
右脚蹬地空中跃，左脚下落十字交。
左插右引开中合，右脚外踏西南方。

左脚蹬地身右转，俯身一靠人飞扬。

起身右拳肋间藏，蓄而抖发鬼难防。

注释：

动作一：接上式，在单鞭成式之后，如有人从我身体两侧制我大臂，我即周身含蓄，重心略右移，两臂略沉，继而急速右撩左斩，在一瞬间变右斩左撩。在这迅雷不及掩耳的左右相互更换撩斩之下，皆能解脱彼两侧之抓按，同时也可以掌外侧向下斩击彼臂，又能以拇指根向上撩击，左脚悬于裆内(图5.1、图5.2)。

动作二：接上式，接着右脚蹬地跃起，左脚下落成十字相交，有下踩彼脚面意(图5.3)。同时右脚向西南方向伸展，有侧踹之意，直插彼裆内或腿后，在伸展的同时左掌变拳向左下插，右掌变拳螺旋经右外向上，随身体左转成引进落空之势，眼视右侧(图5.4)。

动作三：接上式，两拳左上右下随重心右移击肩靠(图5.5)。肩靠发击后肘蓄于右肋间，继而击立肘(图5.6)。

所谓护心拳，顾名思义是以拳护己心之意，由于二路速度快，左右交义更换比较复杂，所以演练时在每式运动过程中，要通过几次击技的反复，最后达到本

图5.1

图5.2

图5.3

图5.4

招式的定点。

第八式　跃步斜行

二次连环发撩斩，右脚前上左脚前。
跃步落地轻捷进，左腿随之东北伸。
俯身下旋真气运，肩肘发击一瞬间。
不发徐徐向上抬，右手竖掌右肩前。
含胸束肋身左转，右掌随之向前按。
按至三分不可贪，肩肘随转向右开。
先肩后肘劈向外，周身相随不可间。
两裆开中且与合，两腿合中且与开。
周身上下齐中正，内外六合扣如弓。

注释:

动作一：接上式，护心拳之后，重心左移，继而提起右脚悬于裆内，在提右脚的同时，双手向两侧右斩左撩(图5.7)，继而右脚前上跃步，右手随之向前接住彼手。然后左腿随之蹬地跃起前上，向东北方向伸展，在左腿前伸的同时，左手前上竖掌下采，与右手构成捋采劲(图5.8)。

动作二：接上式，松左胯，俯身移重心下旋发左肩靠劲(图5.9)。在发靠劲时右手立掌竖于右肩前，待靠毕沉肩坠肘提手时，右手在含胸、塌腰、坐腕的基础上向前发按掌于彼胸腹处（图5.10)，继而

图5.5

图5.6

图5.7

图5.8

向右外侧开，发肩、肘、手于彼(图 5.11、图5.12、图5.13)。

演练跃步斜行时，在护心拳之后，重心移于左腿成独立步，右脚悬于裆内继而前上，然后左腿随之蹬地跃起，速向右脚前迈出直下斜行，故曰为跃步斜行。

图5.9

图5.10

第九式　回头金刚捣碓

假若敌人从南来，右手落合左手开。
右上左下身右转，转体面向正西边。
稍动左脚提起跟，虚虚点地要认真。
翻转内含解脱意，解脱合拿在其中。
顿步发劲精神贯，两臂上下齐外开。
右手领住再右转，左脚独立面向南。
右手发过里钩拳，含胸收腹膝提起。
周身欲动意在先，轻重适宜快慢兼。
右脚下跺则为虚，左脚实踏则为渺。
右拳落到左掌内，周身浑然太极象。

图5.11

注释:

动作一：接上式，跃步斜形之后松右胯，左脚蹬地，身体右转，在右转的同时右手下落内合，意欲将彼带入怀中，在右带的一瞬间，左手向右侧前发推掌(图5.14)。

图5.12

动作二：接上式，右脚提起经左侧向右划弧摆出，脚后跟先着地，在右脚外摆的同时，双臂先交叉，然后左下右上向身体两侧发外掤劲。身体继续右转，在右转的同时，左脚随之前上，以脚尖点于右脚内侧外，两脚相距约40厘米，在右脚前上的同时我右手接住彼手向下引，两臂右下左上，然后左臂再向下相交于左腿外侧。此时右脚平踏，屈膝下蹲，面向西侧，双手擒拿住彼(图5.15)。

图5.13

图5.14

动作三：接上式，若两手左上右下分时，彼抓住我右手腕，我则速上左步，身体右转，周身蓄合，继而左手前上，搭于右小臂内侧(图5.16)，然后右手逆缠向后，左手顺缠向前，两手形成一前一后开劲，皆能解脱彼抓之手（图5.17)。

图5.15

动作四：接上式，身体继续右转，右脚跟提起，此时成双脚掌着地。身体向右旋转45°左右，在右旋的同时双脚后跟同向左侧发顿步，双手也同时左下右上向外侧发抖掤劲。但应注意，右旋、顿步、掤抖应合归为一劲，决不可分开，分则散之，然后才能渐而演练，达到完整一气(图5.18)。

图5.16

动作五：接上式，身体右转，以手带脚向后摆击，各向外划弧转体面向南(图

5.19)。此时左脚成独立步，右掌在上行时变拳弧线上击，里钩拳与右膝上提撞膝同时到达（图5.20），然后右脚下踩与右拳下落二劲合二归一(此动作由始到终共连续旋转450°，图5.21)。

金刚捣碓的金刚指无比坚硬，捣碓是指左手如臼右手如杵，右拳落于左掌心内，犹如杵落臼之形(杵臼是旧时期用石器所制，在生活中用来去掉米皮的一种工具)。

图5.17

图5.18

图5.19

图5.20

第十式　撇身拳

右移重心左脚开，双腕外突肘外翻。
双掌变拳走螺旋，一上一下皆不闲。
上抬下插是解脱，右脚外跨引进来。
二腿叉开一米宽，重心分成三七偏。
大开大合中峰悬，周身骨节处处开。
右胯一松身下俯，先肩后肘人难走。
回头重心向左移，二次将敌再引进。
拧腰旋膀肘外开，反背一靠再不来。
右拳护头左护腰，俯身斜视戏脚尖。
虽然招式如此用，皆需千遍万遍演。
功夫不纯不熟练，被人一推躺尘埃。

注释：

动作一：接上式，金刚捣碓之后如有人制我胳膊，重心右移，继而提起左脚向左外开约30厘米，在左脚外开的同时双臂外开，双腕外突，肘腕相继向外掤发于彼(图5.22)。

图5.21

动作二：接上式，待双脚向外开到所需位置时，右拳先上然后螺旋下插。在右拳向上时，左拳向左下插，然后走左外弧向上，继而松左胯，在重心右移的一瞬间，继而左移。在左移的同时，右拳由右向左上方引，同时右脚向右侧跨步，左脚蹬地，松左胯，重心右移，身体向右侧下俯，肘从膝下绕过发靠劲(图5.23)。

图5.22

动作三：接上式，在重心右移的同时，左拳上起，松左胯，重心左移，左拳叉于腰间，右拳走右外弧线，随身体左转经胸前引至左侧上方。然后松右胯，左脚蹬地，重心右移，同时左肘内扣，右肘外摆发背靠劲。此时右拳、左肘尖、左脚尖三点成上下一线贯穿，眼斜视左脚尖(图5.24)。

图5.23

撇身拳又名庇身捶，撇指的是扭转，庇是指左右两拳在两侧相互兼顾掩护之意。但二路炮拳和一路所不同的是，右肩和右肘向右后方快速直撇，在速度上也比

图5.24

一路快。

第十一式 指裆

图5.25

左护腰间右护神，上下左右不怕侵。
谁知左边偏来敌，身体速转重心移。
意在拳先精神贯，左臂逆缠发砸拳。
扭腰下砸力点清，唯有右拳反其行。
右脚提起向左上，左脚紧跟插后方。
右臂速上交前方，周身蓄合如弓张。

图5.26

注释：

接上式，撇身拳之后，松左胯，给右胯，重心左移。在左移重心的同时开胸，两臂随向两侧上下开发，左拳逆缠向下翻背发砸拳于敌小腹或阴部(图5.25)，右拳顺缠向右后发进拳(图5.26)，继而上右步于左侧前，同时右臂前上与左臂在胸前相交，右外左里(图5.27)。但要注意在发砸拳时应扭腰旋背，身体向左转、倾斜，两拳以左拳为主，右拳为副，开胸砸拳都是在一瞬间的抖劲过程中完成的。

图5.27

指裆顾名思义，是在拳随身体左转时的一瞬间，翻拳下砸于对方小腹或阴部。

第十二式　斩手

双腕上下齐开切，解脱之后别有方。
未切心存双重意，此招用过肘拳击。
此式须求步法活，合柔解脱皆需刚。
周身含蓄意要张，斩劲宜短不宜长。

注释：

接上式，指裆之后，待右脚落地后，继而上左脚插于右腿后方的同时，左肘向后斜上开击，右拳以腕内侧直向下切，两腕内侧形成交叉开劲，以解脱敌抓我左手腕之手。但是应该注意开切劲，虽是一上一下，而实是合二归一开劲，要求速快、劲整、坚刚、完整一气，否则就做不到干脆利落，即使能解脱开，也是拖泥带水(图5.28)。

图5.28

发开劲时，两腕部内侧像刀一样锋利，斩切敌人抓我左腕之手，故曰为斩手。

第十三式　翻花舞袖

斩手完毕下招连，左发后肘右发拳。
左臂上领腾空起，落地直发右栽拳。
两脚下落隅角站，上下左右皆相兼。
向右肩肘手三连，身法跃起腿收快。

图5.29

右脚转落左脚前，面向东北变东南。

蓄而待发眼望前，下招紧连掩手拳。

注释：

动作一：接上式，斩手完毕，接着左肘向后发（图5.29），右拳下击彼小腿臁骨处，继而左肘向上领起，身体随之向上腾起，在空中翻转270°下落，面向东北（图5.30）。

图5.30

动作二：接上式，两脚左先右后落地，右拳随之直接向下发栽拳（图5.31），然后随即重心左移，提起右脚，后撤步震脚下踩彼脚面，落于左脚内侧，两脚相距30厘米左右。待右脚落地时，左脚继而向前上步，右拳藏于右肋处掩手拳待发(图5.32)。

图5.31

图5.32

斩手之后，身体由下向上腾空而起，形似江河翻花。舞袖是古代人们穿着长袖衣服，在连续快速运动时袖口在空中反复飘荡，翩翩起舞，故曰翻花舞袖。

第十四式　掩手肱拳

请参阅一路掩手肱拳，动作要点皆同。

第十五式 腰拦肘

重心左移右脚起，右臂内屈左臂伸。
右脚下落左步上，身体下蹲劲蓄合。
重心左移把肘发，抖劲拧腰斜上催。
左臂内带与肘合，一带一击正相当。
步要过人如接吻，拦腰带击莫思索。
意在拳先精神贯，冰冻三尺非日寒。

图5.33

图5.34

注释：

接上式，重心左移，随之右脚提起，右臂内屈。同时左臂向左外伸展，掌心向内(图5.33)，继而转身右脚落地，左脚提起向左侧前上步。然后松左胯，给右胯，在重心左移的同时，左手以掌心拦住对方腰部，速向怀中内带与右肘前击相拍合，直至彼胸腹处。但应注意的是在发腰拦肘时，略有由下向上催发之意，这样发击才能使对方受击后拔根而起，否则只能使对方倒退不及而躺地(图5.34)。

腰拦肘，顾名思义，就是欲发肘时，左手拦其后腰向怀中内带，将彼带至发肘所需位置时与右肘相拍合。

第十六式 大肱拳

左移重心脚外摆，右脚前上脚尖点。
右手随腿前撩去，左臂由右向左旋。
重心右移涌泉空，屈膝微蹲裆要松。
提起左脚向外开，身体中正不可歪。
左脚外开臂下旋，左下右肱 掤起来。
外开含有引进意，手肘肩腰有序连。
左移重心右脚插，两臂反转左臂开。
右掌内合有击意，反其外行腰为先。
一跨一插左右练，两臂分管各半边。

图 5.35

图 5.36

注释:

动作一：接上式，腰拦肘之后我以左手 掤起彼臂，随之重心左移，左脚尖外摆，继而右脚前上以脚尖点地。在右脚前上的同时，右掌随右腿前上发撩掌于彼裆内，如不击可落于右腿外侧，但意念中须有发前撩掌之意，同时左手经右侧螺旋以大臂为主向左外 掤出(图 5.35)。

动作二：接上式，重心右移，五趾微抓地，涌泉穴要空，松胯，屈膝下蹲，继而提起左脚向左外跨步。在跨步的同时，左手由上向下引落于小腹前，向下走的次序是以手随肘，以肘随肩，以肩随腰，同时右臂经左侧划弧向右外开击。外开的次序是以腰催肩，以肩催肘，以肘带手(图5.36)。

动作三：接上式，待左脚落地后，重心左移，继而提起右脚插于左腿后方，此时两手可向左发挒劲。如不发挒劲，两臂左上右下再将重心向右移，再跨左步，周而复始，左右循环演练(图5.37、副图5.37)。

图5.37

副图5.37

所谓大肱，是以大肱外开为主，以小肱和手为副，拳在这里是顺音之意。

第十七式 小肱拳

三次东进大肱拳，重心左移右脚摆。
突然右侧来偷袭，继而转体面向北。
右手先拦后上掤，左脚跨步向西行。
步法轻灵手敏捷，小肱螺旋向外开。
左顾右盼上下兼，小肱为正大肱偏。
二路演练须速快，开为顺遂合为反。
得机得势步调换，左右循环一线牵。
教练不识此中理，丢顶差错在此间。

注释：

动作一：接上式，大肱拳之后，待重心移于左腿时，右脚提起向右外划弧摆出，在摆脚的同时，右肱随之向右上拨击(图5.38)。

图5.38

图5.39

动作二：接上式，继而左脚前上，然后向西跨步，面向正北，接着松左胯，给右胯，重心左移，提右脚插于左脚后方，两手一上一下螺旋翻滚一线所穿。否则，有丢顶之病，引进时脚手合，移重心时周身皆随，周而复始，快速演练(图5.39)。

小肱拳和大肱拳的区别，是大肱拳以大臂外开为主，小肱拳以小臂外开为主，其含义及循环路线皆同。

第十八式　玉女穿梭

小肱欲完身左转，两臂随身向左伸。
继而右转双手起，交叉转身向东边。
左移重心右脚起，周身蓄松皮毛弓。
右脚落地左脚跟，促步顿脚双掌震。
连续促步向前进，击点右掌外沿根。
一促一顿周身进，前伸只可行七分。
轻重适宜形似飞，犹如万人前突围。
泼皮胆大心要狠，尔等挨身有几人。
虽然向前疾速进，须防身后有人袭。

注释：

动作一：接上式，小肱拳三次右脚插步完毕后，待左腿向左侧伸时，双臂下沉，随身体右转，两手在身体左侧先交叉，右外左里，继而随身右转竖于右侧前方。重心左移，右脚提起，周身蓄而待发(图 5.40)。

图 5.40

动作二：接上式，随之右脚向前迈出，待右脚落地的一瞬间，左脚前上，协同右脚顿促。在顿促的同时，双掌以外沿为主向前发击，右脚落地，左脚前上与双掌前推同时到位，实为三劲归一，向前连续三次或连续前进即可，要求速快劲整(图 5.41)。

图 5.41

玉女穿梭："穿梭"顾名思义，就是从前人们通过纺织来供应穿衣，织布时只有双脚和双手配合得十分默契，才能织出好布。如左脚蹬踏板，使线交叉张开，右手将梭从线中间穿过来时，左手正好接住，然后右手腾出再拉机板，这样左右反复穿梭。在拳术中引用此名，实有左来右往和连续前进之意，形似玉女穿梭。

第十九式　倒骑龙

穿梭突围破三军，提防身后有人袭。
右脚提起速外摆，转身右臂穿掌旋。
转身面西右独立，右手左脚空中悬。
左手捏合左后伸，耳听身后眼望西。
左脚前上右脚跟，单掌向前直劈心。
循序前进求速快，劲整点清意志坚。

众敌之下莫灰心，有志难将蛟龙围。

西击三步速回头，翻身面东打偷袭。

注释：

接上式，玉女穿梭之后，右手由前向上引按之后左手前上拿之，然后经胸前斜上穿掌，随后脚外摆，身体右转，面向西踏地，在右转的同时左脚随之外摆前上踏地，右手单掌前击，左手五指捏拢向后，向前促步，前行三步后，翻身向东打掩手拳(图5.42)。

图5.42

此式之所以叫倒骑龙，是一种形象的说法，指玉女穿梭正向东突进，忽然转身向西，左脚右手在前，左手右脚在后，形成左右交替前行，形似蛟龙出海，凶猛无比，因左右交替前进，故曰倒骑龙。

第二十式　掩手肱拳

与第十四式掩手肱拳动作要点相同。

第二十一式　裹鞭炮

单臂直拳打偷袭，转身右臂速扬起。

重心右移左脚旋，旋后两次移左边。

右臂上起身右转，右脚空中半月旋。

面向正北右脚震，提起左脚向西伸。

两臂握拳胸前交，周身屈合下塌腰。

含胸束肋精神贯，身法中正不可偏。

速移重心向左边，两臂外翻发进拳。

蓄劲犹如弓开满，发击形似箭离弦。

发后双拳又举起，右脚盖在左脚前。

左脚又向西边开，合劲要点皆同前。

踏越二步向西进，翻身东进三步完。

此劲宜短不宜长，一开一合一瞬间。

注释：

动作一：接上式，掩手肱拳之后，重心右移，同时左脚尖向内旋转，待旋转到所需位置时，重心继而左移。待重心完全移到左腿时，右脚提起，随着身体右转在空中旋转后摆腿面向北(图 5.43)。

图 5.43

动作二：接上式，右脚落地震脚下踩，在震脚的同时身体下蹲，周身蓄合，同时左脚向左侧开步1米余，两臂在胸前相交(图 5.44)。

图 5.44

动作三：接上式，继而松左胯，给右胯，在左移重心的同时，双臂向两侧发进拳(向左移重心时以左拳为主，图 5. 45)。

图 5.45

动作四：接上式，继而提起右脚盖于左脚前方斜下踩，重心再次右移，提起右脚再次左跨，发双臂进劲，周而复始。向西侧连续二次盖步，三次进拳完毕后，重心左移，提起右脚在空中旋转。同时双臂经两侧外在胸前相交，右脚下落时震脚，面向南(图 5.46)。

图 5.46

裹鞭炮，顾名思义，裹指双臂随身体下蹲，由外向内合包之意。随着身体下蹲，周身内外、四肢百骸、五脏六腑皆含蓄内合，形似卷炮一般，炮卷得愈紧，爆炸时声音越洪亮。所谓鞭是形容双臂向外发迸劲时像鞭一样螺旋弹抖而出。所谓炮是形容呼呼风响之意。裹鞭炮常指与群敌搏击时，蓄劲如卷炮，气贴脊背，发劲开胸抖发闻炮声。只有劲蓄得好，发劲才能干脆利落。

第二十二式　兽头式

重心左移右脚点，右拳随冲击彼脸。
击过右脚向后倒，屈臂下击最为妙。
左脚螺旋钩挂玉，二次转身击头颅。
兽头姿势已摆好，专等入阵捉儿曹。

图 5.47

注释：

动作一：接上式，裹鞭炮之后，重心左移，继而右脚前上，以脚尖点地，同时右拳向前伸击（图 5.47）。

图 5.48

动作二：接上式，右脚向右后倒步，意欲插于彼裆内，然后向右转身。左手抓住彼手向左前伸，右臂屈合，随身体右转发后挂肘，两劲形成交叉横搓(图 5.48)。

动作三：接上式，右肘击完，右拳欲要上抬时，左脚螺旋外摆发后挂脚(又曰金钩挂玉，图 5.49)。

图 5.49

内收，虚脚点地。此时，左拳由上向下，右拳由下而上，腕部略内扣，发击彼头部。

兽头式，顾名思义，右腿屈膝下蹲，左脚虚脚点地，左拳护膝，右拳护头，周身上下屈合，形成能攻能守之势，观之犹如兽头之势，凶猛可怕。

第二十三式　披架子

彼若出拳从左侵，右手接住向下引。
突然坐腕右外旋，左臂悄悄跟进来。
一旋一挑紧相连，反击关节凭修炼。
此招用过并未了，左腿外插臂拦胸。
重心左移发靠劲，引进迭法要记牢。
落空发击如燕轻，秒秒之差成顶劲。

注释：

动作一：接上式，兽头式之后，如有人从我左侧出拳击我头部，我则右拳变掌接住彼拳下引，继而向右外，然后变坐腕外翻向上的同时，左臂前上以小臂内侧向上挑发抖劲，使彼反关节被击(图 5.50)。

图 5.50

动作二：接上式，若彼走脱，我上左步插于彼腿后，同时左臂拦胸，先顺后逆向外发迸劲(图 5.51)。

图5.51

披架子的“披”有左右两臂交叉、覆盖、劈发之意，“架”有两臂重叠构成外掤之意，子有初之意，指初蓄掤而后发。

第二十四式　翻花舞袖

与第十三式翻花舞袖动作要点相同。

第二十五式　掩手肱拳

与第十四式掩手肱拳动作要点相同。

第二十六式　伏虎

身体左转重心移，右脚前上虚点地。
左拳下插左腿外，右腕外折向左击。
继而后撤一大步，重心右移走下弧。
假若有人抓我腕，先下后上走螺旋。
重心右移腿下蹲，左腿在前裆须开。
开中欲合撑八面，上下屈伸一线牵。
中气竖起精神贯，循视左右望正前。
前击左肘向下旋，协助右臂顺向前。
虽然前后两股劲，合二归一右为先。

注释：

动作一：接上式，掩手肱拳之后，重心左移，继而右脚前上以脚掌点于右前方。在右脚前上的同时，两拳左下右上，左拳下插于左腿外侧，右拳螺旋经右然后向左引，在引的过程中拳背外翻，腕内侧外突向左发击(图 5.52)。

图 5.52

动作二：接上式，继而右腿后撤，右拳螺旋由上而下再向上，在右拳向上时右腿屈膝下蹲，则解脱了对方之抓拿，在右拳行走时，左拳随着先上而后下，左右形成伏虎之势(图 5.53)。

图 5.53

掩手肱拳以后，右腿后撤，身体下蹲，左手在前下，右拳在后上，全身形成下俯姿势，观之有伏虎之势，威武凶猛，故曰伏虎。

第二十七式　抹眉肱

重心突然向左移，右脚随即蹬地起。
左拳变掌速叉腰，右拳变掌蓄肋旁。
随着惯性身左转，右腿里合发扫堂。
右脚落地屈膝蹲，左腿随即向前伸。
蹬地左转重心移，迎面一掌直击心。

图 5.54

注释：

动作一：接上式，伏虎之后，松左胯，重心左移，右脚蹬地而起，然后随身体面向东旋转的过程中发里合扫堂腿(图5.54)。

动作二：接上式，在悬于裆内的一瞬间向下直踩(图5.55)，在踩的同时左腿前伸。此时右脚蹬地，松左胯，重心左移，随着身体左转的惯性，右掌从右肋处向前发推掌，直击敌心(图5.56)。

图5.55

抹眉肱的"抹"在这里有抹擦之意，右掌蓄于右肋旁擦身前推，精神自然为之一振。神往眉则自然飞舞，观敌远近而定之，近则扬掌以小肱内侧前击，远则用掌，抹眉肱是一种形象说法。

图5.56

第二十八式　左右黄龙三搅水

左脚外摆重心移，右脚前上虚点地。
左掌叉腰随腰转，右掌顺缠向下引。
二次重心向右移，右臂内缠向外分。
左脚后撤虽说败，敌人紧逼到身前。
右步快速侧向跨，右掌随之向下旋。
二次左脚诈降败，变换左侧急进三。

注释：

动作一：接上式，抹眉肱之后，左脚尖外摆，继而重心左移，同时提起右脚前上，以脚尖点地，成胸北背南，面向东北。在右脚前上的同时，右掌顺缠下旋，重心再向右移，提起左脚向后侧跨，在左脚侧跨的同时，右手由内向外拨击，此时面向

图5.57

东北(图 5.57)。

动作二：接上式，继而左移重心，右腿提起向左脚后插，在右脚后插的同时，右手螺旋向前下引，面向东北，重心右移。右手外拨，周而复始，连退三次。动作要点与动作一(图 5.57)相同(下接斩手面向东)，待右三搅水欲完时，右脚以脚尖点于左脚内侧，此时右手落于右腿外(图 5.58)。

图 5.58

继而身向右转(面向东)，在旋转的过程中右脚提起，经左螺旋向右划弧外摆，悬于裆内，两掌随转左撩右下斩发劲。右脚落地，左脚向左侧外跨步，继而左掌向下旋，右掌上提叉于腰间，胸南背北，面向东南。重心左移，右脚提起向左后插，左手则随着重心左移，由下向左外拨(图 5.59)，下旋再插右脚，跨左步，周而复始，急进三步(副图 5.59)。

图 5.59

副图 5.59

黄龙三搅水的黄龙是打比方，三搅水是左右两臂在退三进三的过程中螺旋摆动，形似龙尾摆动搅水一般，故曰黄龙三搅水。

第二十九式 左冲

右脚提起急速跨，左脚随之紧紧跟。

屈膝下蹲周身合，眼视东侧左脚悬。
掌心向外逆顺翻，继而变拳合胸前。
拳顶相对肘外开，含胸气沉肩内卷。
左脚提悬一瞬间，继而东蹬弹收快。
欲蹬塌腰平丁肩，两捶随之发进拳。

注释：

接上式，在黄龙三搅水之后，右插脚变脚尖点于左脚内侧，继而向右侧跨步，左脚随之右跨，以脚尖点于右脚内侧，提起悬于裆内。双手在右脚向右开时，双掌向两侧分开，掌心斜向外下，继而内收以两拳顶相对合于胸前(图5.60)，然后随左脚外蹬向两侧发进拳(至于脚蹬的高度，应根据远近情况而定，下于臁骨、腰部或肩处，切不可呆板，千篇一律，拳掌皆可，图5.61)。

图5.60

何谓左冲，左有左侧之意，冲有快速击打之意，所谓左冲是在周身的协助下，用左脚向左侧冲击。

图5.61

第三十式　右冲

左冲之后转向北，两拳相对贴腹肌。
左脚独立右脚旋，二次回冲制胜归。
转身换步需速快，轻灵敏捷意在先。
意坚劲整力点清，不下真功徒劳空。

注释：

接上式，左冲之后，脚下落时外摆，转体面向北，继而落地，提起右脚向右侧蹬冲，两拳也随之向两侧迸发。但要注意在左脚落地、右脚随着跟步时，皆须步法轻灵敏捷，蓄劲要蓄得紧，开放时要开得尽，以求力点清晰为准则。其动作要点同左冲。

第三十一式　掩手肱拳

右冲之后，右脚下落，与左脚相齐。两脚相距约30厘米，继而上左步成欲发掩手肱拳之势，其动作要点与第十四式手肱拳相同。

第三十二式　扫堂腿

重心右移身下俯，双手按地屈膝弓。
身体右转扫左腿，扫到半周稍加停。
再将重心向左移，右腿后摆面向西。
两次扫堂一周半，提起右脚空中悬。
俯身左立身竖起，落地震脚两臂交。
右脚踏稳左腿伸，两臂前后左右分。
左前右后合好劲，蹬地拧腰旋背冲。

注释：

动作一：接上式，掩手肱拳之后，继而身体右转，屈右膝，身体下蹲，俯身双手按地，左腿随之发扫堂腿 180° 面向西(图 5.62)。

图 5.62

动作二：接上式，重心左移，身体继续右转，在右转的同时，右腿向后连续发扫堂腿，两次扫堂腿 360°，面向西(图 5.63)。

图 5.63

动作三：接上式，左腿站起，俯身变中正，右脚一瞬间空悬之后，下落震脚(图 5.64)。待身体渐而竖直时，两臂在胸前有一瞬间的相交，然后随震脚外开，随左伸腿而内合，左掌竖掌落于左侧前，右掌变拳落于右肋处，眼视正前，蓄而待发掩手肱拳(图 5.65)。

图 5.64

第三十三式　掩手肱拳

接上式，扫堂腿之后，身体由俯而竖，然后先开而后合，继而面向西抖发掩手肱拳。与第十四式掩手肱拳动作要点相同。

第三十四式　全炮拳

双脚速上顶劲领，右先左后落地轻。
两腿下蹲劲蓄合，意先神往左外发。
近用肩靠远用肱，掌握迭法最重要。

图 5.65

出手要狠速要快，胆战心寒悔之难。
二次身向空跃起，两脚前后更换急。
重心左移身蓄含，发劲犹如箭离弦。

注释：

动作一：接上式，掩手肱拳之后，双脚向空中跃起，在身体上跃时双臂变左前右后，成蓄而待发之势，继而向身体左侧外发击，近用肩靠，远者可用肱拳(图5.66)。

动作二：接上式，然后身体再向空中跃起，在向空中跃起的同时，双脚变换，左先右后隅角落地，继而向右外发击，其要点同左侧(图5.67)。

发掩手肱拳时，两脚是隅角站立(左西南，右东北)，左前右后。掩手肱拳完毕后，双脚跳起，下落时右先左后，两声相接，以左臂为主向左后方发劲，呼呼带风，此乃三声相接。继而身向空中跃起，两脚在空中快速交换方位，落地时双脚与双手变右前左后(右西北，左东南)。此时落地左先右后，继而向右外发劲，因两脚前后、两手左右全然轮换震发，声响如炮，故曰全炮拳。

图5.66

图5.67

第三十五式　掩手肱拳

与第十四式掩手肱拳动作要点相同。

第三十六式　捣叉捣叉

重心左移身右转，收回右脚虚虚点。
双臂伸合左在前，右拳收回贴肋边。
左腿下蹲稳重心，右脚提起向前伸。
脚落拳击肘后发，左右开击则有合。
左脚跳步盖右上，右脚前上更加忙。
两脚前上跳连环，二次斜下发栽拳。

注释：

动作一：接上式，掩手肱拳之后，身体右转，面向北，重心左移，右脚内收，脚尖点地。在右转的同时左手前伸，右拳回收，双手构成欲发之势，继而右脚提起，向右侧上一步，同时右捶向右斜下发击，左肘向左后随之抖肩发劲(图5.68)。

图5.68

动作二：接上式，左脚上步盖于右脚前方，右拳向前撩击(图 5.69)。左脚欲要落地时，右脚跳起向右侧上，两臂随左脚前上开而合，右脚落地而击，此二次捣叉都是连续突围之法，第一次身法较大，第二次身法较小(图5.70)。

图5.69

捣叉捣叉的捣，顾名思义有向下发

击之意，又有分之意，因两次上步、二次连发都是两臂在发劲途中相擦而过，一股劲由内向侧下，一股劲由内向侧后，故曰捣叉捣叉。

图 5.70

第三十七式　左耳肱右耳肱

捣叉完毕莫放松，再上左步出左肱。
两拳轮流闪电攻，转关全在周身松。
放松螺旋力点清，僵直用力反其行。
拳虽小技存哲理，先理而后再习技。
要想功夫速长进，夜半静悄闻啼鸣。

注释：

动作一：接上式，捣叉完毕之后，速上左脚，同时出左拳急速前击(图 5.71)。

图 5.71

动作二：接上式，继而收回左拳出右拳击之，此击与捣叉跃步相继连接，向前突围(图 5.72)。

耳与目是相互关联的，肱与拳是相互关联的。就是左右拳向前击时，要有眼望前、耳听身后之意，所以古时有股肱耳目之称。它们之间相辅相成，相互关联，亲密无间，故曰耳肱。

图 5.72

第三十八式　回头当门炮

左臂外绕直竖拳，右拳左击斜向前。
右脚外摆身右转，左脚跳起身空旋。
先左后右脚落地，双臂下引莫等闲。
屈膝下蹲含胸束，重心右移裆分开。
勇往直前拳肱击，严防两侧后偷袭。
斜视左前精神贯，当门炮击人仰翻。

注释：

动作一：接上式，左耳肱右耳肱之后，左脚继而前上，左拳随之前击，然后收左拳，击右拳，左手向左外绕，竖起继而直下沉。右拳藏于左肘下(有横击之意，图 5.73)。

图 5.73

动作二：接上式，随之身体右转，左脚随身体右转跳起向右侧上步，身体在空中旋转 360°，仍面向东北。双臂随身体在空中旋转 360° 的过程中，双臂向下引屈欲待发击，待左先右后双脚稳固好重心的一瞬间，急速以双拳或肱骨外侧向前发当门炮，左主右副(图 5.74)。

图 5.74

右冲之后，身体在空中向左侧转后，仍面向东北为回头，双拳或双肱向前击打形似两门巨炮直轰之意，故曰回头当门炮。

第三十九式　变式大捉炮

当门一炮响轰轰，左脚收点右拳冲。
此次右脚先跳起，左脚随后紧紧跟。
右脚落地左后跨，双臂随旋捋欲伸。
重心左移走下弧，进入击圈难逃行。
中正不偏向下合，此势皆能降妖魔。
此势非同当头炮，拳冲脚蹬捋为高。

注释：

动作一：接上式，当门炮之后，左脚收回，脚尖点地，双拳内收，拳心向上，然后左脚前跳，身体左转，右脚随之提起向前方蹬跳，此时双拳变右拳前冲，左拳随左肘后击(图 5.75、图 5.76)。

图 5.75

图 5.76

动作二：接上式， 待身体在空中旋转360°时，两脚左先右后落地，双手变向左捋， 面向西南，继而发击(图5.77)。

变式大捉炮的“式”有左右姿势变幻之意，指大开大合；“捉”有捋进之意。所以在当门炮之后，左脚收点，右脚前蹬，右拳前击，身体向左旋转360°之后，双手大开大合，向左侧捋而后发，故曰变式大捉炮。

图 5.77

第四十式 腰拦肘

左拳变掌向前伸，右臂内屈拳贴心。
右脚随之空中悬，周身含蓄皆不闲。
右脚下震则为虚，手拍肘击开与合。
拍合则有带彼进，肘击守疆不可过。
震脚辅助爆发力，平肘前催略上扬。

图5.78

注释：

动作一：接上式，变式大捉炮之后，左手向左侧前伸，右脚提起悬于裆内，同时右臂内合，拳心落到贴胸处，继而左掌带住彼腰向怀中内带，然后震脚下踩(图5.78)。

图5.79

动作二：接上式，待肘向前行至七分时略向上挑发，这样易使对方受击后拔根而起。否则，即使对方倒地，也会出现拖泥带水现象(图5.79)。

第四十一式 顺拦肘

身体左转臂逆旋，右脚收回轻轻点。
继而右脚向外跨，大臂随之向外开。
左脚紧跟发顿步，辅助中节向外攻。
逆缠左手扶右腕，含胸发击皆须开。
未发屈膝身下合，速快劲整降妖魔。
身体中正不可偏，心有灵犀一点通。

注释：

动作一：接上式，腰拦肘之后身体左转，右臂逆缠以肘尖向外划弧，同时贴在右小臂中节的左手随转渐而收回，落在右手腕处变轻握右腕，在肘划弧的同时，右脚内收，脚尖点地，此时身法略下蹲，周身成蓄势，眼斜视右侧(图 5.80)。

图 5.80

动作二：接上式，右脚再向右侧开步，在开脚欲要落地时身体右转，左手辅助右大臂一齐向右侧发顺拦肘，同时左脚紧跟发顿步，以便增大爆发力(图 5.81)。

图 5.81

演练顺拦肘时，若有人从右侧推我大臂，我则以肘向左侧螺旋划弧引之，同时收回右脚，然后右开，随身体右转以大臂中节或偏前右侧回击之。

第四十二式　窝底炮

顺拦击过敌又来，左脚右盖两臂开。
左脚未落身跃起，右脚侧向直往前。
左先右后落地稳，两臂屈合欲发人。
抖肩右发周身随，侧向斜下发栽捶。

注释：

动作一：接上式，顺拦肘之后，左脚侧向盖在右腿上，在左脚未落地时，继而右腿跳起，在左脚前盖的同时，双拳左后

图 5.82

右前撩击(图 5.82)。

动作二：接上式，待双脚落地后分而变合，左掌前伸侧竖，右拳蓄于右肋前，继而斜发下栽拳。左肘后击时掌变半握拳(图 5.83)。

此招之所以称窝底炮，是一种形象的说法，拳下击形似巨炮轰窝(丹田)。

图 5.83

第四十三式 回头井拦直入

身体右转脚外摆，左腿随之提起悬。
左臂内屈拳竖起，右臂内合须撑圆。
左脚悬落正北方，继而右脚后摆扬。
下落西北隅角上，双拳贴在两乳旁。
右脚蹬地重心移，含胸束肋双扣击。
手背相合背外翻，气行上下各一半。

图 5.84

注释：

动作一：接上式，窝底炮之后，身体右转，右脚外摆，继而提左脚，随身体右转向内旋摆击，落正北方。此时左臂握拳竖起，右拳藏于右肋下，有横击之意，内侧撑圆(图 5.84)。

动作二：接上式，提起右脚，随身体右旋而外摆，落于西北隅角。继而松右裆，左脚蹬地，重心右移，在移重心的同时双拳变掌下捋(图 5.85)。

图 5.85

动作三：接上式，在捋的过程中变拳轻贴在两乳头上，继而松左胯，给右胯，重心左移，含胸、束肋， 两肘内扣发劲。在发劲的同时，两拳背相对，脊背略外翻，脐以上为上升，脐以下而降，此为周身对拉之势，发力不易拔根(图 5.86)。

此式之所以叫“井拦直入”，也是一种形象的说法。因彼进入我怀，如入陷阱，我即以双扣肘拦截，直入击之，故曰为井拦直入。

图 5.86

第四十四式　收式

左旋右转反复演，四正四隅皆踏完。
由北变南反收北，两路合归一套拳。
只练一路偏于柔，多练二路劲有偏。
刚柔相济勤研练，博大精深太极拳。

接上式，回头井拦直入之后，重心左移，同时提起右脚前上，两脚距离与两肩同宽。在左移的同时，两手向身体两侧分开，然后向上经两耳旁向下按至两腿外侧，眼视正前方。

第四十五式 太极还原

浩浩渺渺，浑然如初(图 5.87、副图 5.87)。

图 5.87

副图 5.87

附　录

弘扬太极　技艺绝伦

——记国际太极拳大师王西安先生

我和王先生结交于70年代初，在这二十几个寒暑中，相处之间无话不谈，遇事互相往来，不分你我。用他夫人陈新意的话讲："我家的事，庆太哥可以当三分家。"可谓莫逆之交，堪称挚友。

王西安是一位陈式太极拳迷，自幼酷爱太极拳。幼年时，村里有个教拳点，可是，人家只教嫡派，不教外姓人。为了学拳，他每天晚上就去偷着学，回家自己练，每晚练拳，一直练到深夜。

后来，陈照丕老师在村里教拳，被他刻苦学练的精神所感动，破例收其为徒。王西安对陈照丕老师十分尊重，因为他知道陈照丕老师一生致力于陈式太极拳事业，学识渊博，深于拳理，精于肘靠。陈照丕所著《陈氏太极拳汇宗》、《太极拳入门》、《陈氏太极拳理论十三篇》、《太极拳引蒙》等在社会上影响很广。1928年陈照丕受聘到北京授拳，应邀在宣武楼立擂，连续17天未遇敌手，威震四方。

在陈照丕老师教诲下的王西安，武德武技齐头并进。春夏秋冬闻鸡起舞，夏练"三伏"，冬练"三九"，每天练拳达20遍之多。为了准确地掌握某一招式，体会要领，30遍50遍地练。为了排除干扰，他经常利用早晚时间到离家几公里以外的黄河滩练拳，晚上一练就到凌晨3时，练得浑身大汗淋淋，脱下鞋一倒，就能倒出水来。

王西安是条倔强汉，要干什么事都有一股子"拼"劲。原来陈式太极器械之一的"春秋大刀"中有一个"舞花竖刀翻身砍"的动作，因为"竖刀翻身砍"是一个提刀空翻360°变为竖刀的高难动作，很难掌握，所以有人索性把它改成"舞花压刀翻身砍"，去掉了空翻360°变压刀为竖刀的难度大的动作。王西安不甘心，他专程到开封找到了熟悉刀法的陈克弟，详尽请教了动作要领，掌握了演练方法。回到村里后，正值打麦季节，他不顾一天的疲劳，利用晚上，一练就是20天。他舞动"春秋大刀"，演练起来气势雄伟，招式逼人，劈、砍、撩、进一气呵成，精彩绝伦。

"文革"前后，由于各方面的冲击，作为太极拳发祥地的陈家沟，太极拳的演练已濒于灭绝的境地，练拳者寥寥可数。当时，身为陈家沟党支部副书记兼全村民兵营长的王西安目睹这种情景，内心万分焦急！他知道，陈式太极拳是中华民族文化之瑰宝，怎能失传！他常说："为继承和发掘太极拳责无旁贷，把陈式太极拳发扬光大才是自己的天职。"于是，他多次和村党支部书记张尉珍同志商讨、研究，如何利用农闲时间组织好全村的练拳活动。

太极拳一代宗师陈照丕先生仙逝后，他首先带动一批骨干，把陈照奎、冯志强老拳师请回来，授拳传艺，以此骨干队伍推动全村练拳活动。在农闲季节，他组织全村男、女民兵在村办面粉厂里演练，利用晚上时间，一直练到深夜。同时，组织家庭院户练、青年练、老年练。当时出现了父教子、母教女、兄教弟、姐教妹、夫教妻的热火朝天的练拳新局面。

为了更扎实地开展练拳活动，村里又成立了"陈式太极拳业余体校"，体校从大、中、小班三个方面抓起。大班：以现有骨干队伍为基础，组织有一定功底的人继续深造；中班：以广大青年民兵为主体，组织全村男、女青年，练拳以提高为主；小班：以学校为阵地，以学生为主，利用"两课、两操、一活动"，大力开展太极拳演练活动。

为进一步推动练拳和提高水平，利用农闲和春节期间，开展队与队、户与户之间的太极拳演练比赛，以参加人数多少和演练的优劣评比先进，给予奖励。为使练拳活动持久地开展下去，用给报酬和尽义务相结合的办法，鼓励群众积极练拳。

功夫不负有心人，经过王西安和张蔚珍先生的多年努力，终于使陈式太极拳重振威名，使古老的陈家沟练拳蔚然成风，取得了显著成绩。当时，陈家沟武术代表队经常代表县、地区、省参加上一级的武术比赛，并取得了好的名次，美名远扬。全国各地到陈家沟学拳者日渐增多。陈家沟也打破了演练太极拳只传儿不传女，只传内不传外的世代旧俗，使陈式太极拳变成武坛比赛和广大民众健身的运动项目。

陈家沟在太极拳重大比赛中所取得的成绩,引起了全社会的关注。香港电视台、中央电视台,《中国建设》杂志、《人民中国》杂志的外文版相继报道了陈家沟太极拳发展的盛况,引起了国内外武术界的轰动。自日本武术代表团首次访问陈家沟后,全世界十几个国家的武术代表团到陈家沟访问和学拳,陈式太极拳一时名扬天下。

随着陈家沟的名字在国内外的打响,王西安也名扬天下,于是,络绎不绝的人来拜王西安大师学拳。王大师收徒没有门派和贫富之分,凡愿意跟王大师学拳者,只要登门,他便传教。我国古代著名大教育家、思想家孔子收徒弟尚收十束干肉,而王大师在国内收徒则分文不取。而且,为了帮助徒弟解决困难,他经常解囊相助。

一旦收为弟子,他便言传身教,要求很严,一招一式,一丝不苟,严谨的治学态度,培养出了一批又一批的人才,他所培养的学生在国内外重大武术比赛中每每夺魁。

王大师的学生很多,仅在国内就有3 000名左右,分布在全国29个省、市、自治区,在国外的也有近2 000名,分布在十几个国家和地区。

据我和王西安多年交往所知,王先生是个正直、谦虚、守道、识大体、不媚上的人。他钻心习拳几十年来,十分好学,拳技、拳理俱佳,功法严谨,技艺高超,精于闪战肘靠。他的拳术已是技艺绝伦,臻至完境。

今年54岁的王大师的拳技,在国内外影响极大。在任"中国陈家沟太极拳推广中心总教练"、"温县太极武术馆副馆长兼总教练"、"温县国际太极拳年会副秘书长"、"河南师大体育系名誉教授"、"河南大学太极拳培训中心副主任兼总教练"、"国家武术高级教练"、"河南省旅游协会常务理事"等职的同时,又被聘为"河北省永年县国际太极拳年会副秘书长"、"山东省兖州市太极拳协会总顾问"、"江苏省南京市太极拳协会高级顾问"、"江西省南昌市太极拳协会顾问"、"马来西亚少林武术院总教练"、"韩国汉城太极拳协会常务顾问"、"湖南省邵阳市武术学院顾问"等。同时,又担任了先后成立的"日本大阪市王西安太极拳学习会"、"日本大阪市王西安太极拳研究会"、"日本东京王西安太极拳招聘委员会"的总教练等职务。由此可以看出王大师是一位德高望重的拳师。

王大师多次到过日本各大城市,以及巴黎、瑞士、西班牙、荷兰等地。所到之处,他那精湛的拳技,高尚的情操,给人总的印象是深厚渊博的太极拳功底,在太极拳各个领域无所不精。

1983年7月27日受全日本太极协会的邀请，王大师以陈家沟太极拳学校校长的名义赴日访问、授拳。在此期间，日本天皇裕仁的弟弟三笠宫殿下邀请王大师到他的官邸作客，在日本舆论界引起强烈反响。

1986年10月1日，王大师应邀赴日本东京、大阪等地讲学、授拳。在此期间，应日本国际文化交流协会会长和大阪市市长的邀请，参加了该协会举办的国际学术交流大会，并且表演了陈式太极拳各种套路和器械，受到了各国代表的一致好评。大阪市市长向他赠送了金钥匙，并接纳他为大阪市名誉市民。同时，邀请他到大阪市定居，他婉言谢绝了这一邀请，不去过那富有舒适的生活。因为他知道，他是陈家沟的水土养大的，是中华民族的儿子，是炎黄的子孙，应该为振兴中华竭尽全力。这是多么高尚的民族精神啊！我深为有这样的挚友而自豪！

1989年3月2日，王大师应邀访问法国，于3月15日夜，受到了法国现任总统、前巴黎市市长希拉克的接见。

国内外渴望得到王大师书的人很多。王大师的《陈式太极拳老架》、《陈式太极拳推手技法》两书问世以来，深受广大读者的欢迎。为满足广大太极拳爱好者的迫切需要，王大师在百忙中又撰写了《陈式太极拳老架技击秘诀》。王大师在该书中将博大精深的太极拳理论、神秘莫测的招式变幻融于老架各个招式的分解动作之中，具体介绍了每个动作在技击方面的应用。该书中处处体现王大师对运动走劲的独特感悟和技艺卓越的拳术功底，实为难得的一部佳作。

此书的出版堪称太极拳界的又一盛事，借此机会再次向王西安先生表示衷心的祝贺。

陈家沟太极拳武术学院名誉校长兼总顾问　王庆太

1998年8月1日

金牌背后恩师情

一晃，我跟从王西安老师习拳已九年有余。九年间，恩师言传身教，与我情同父子，每每回忆起与恩师相处的点点滴滴，都有许多感慨，但提起笔，却又不知如何尽言。

九年前，当我怯懦而又好奇地随母亲从焦作来到温县陈家沟一同拜见恩师时，仅仅八岁的我根本没有意识到，这位高大魁梧、有着爽朗笑声的年近六旬老人，改变了自己从此一生的理想与命运。

那时的恩师早已是享誉世界的陈式太极拳“四大金刚”之一，仰慕其盛名而从其学拳者众多，国内国外的各年龄段的人都有，因忙碌于世界各地传拳，恩师很少有时间留在温县。也许是想磨炼我的意志，也许是忙于写作，第一次见我，恩师只简单问了一些情况，便安排我住进他的学校陈家沟武术院。说实话，自小在城市长大的我对陌生的集体生活真有些吃不消，尤其当时正值酷暑，常常练上片刻便汗流浃背，衣服湿得能拧出水来，累得晚上连饭也吃不下。但看着武术院里许多学员认真习拳的身影，我也暗下决心，一定不能让恩师对我失望。几天训练下来，我的全身被晒得黝黑，父母见状很是心疼，但我却咬牙坚持下来，并学会了老架一路。也许正因为我的这些韧劲，恩师对我开始有些关注，并嘱咐我，每天要练10遍拳。“我要练30遍！” 我突然大胆地回应了一句。“为啥要练30遍呀？”恩师笑盈盈地问。我立即抢着答：“书上说陈发科老师小时候每天练拳30遍，后来才成为一代宗师。”恩师听后爽朗地笑了，说了句：孺子可教!

这句话，颇让母亲自豪和欣慰，便恳求恩师收我为徒，恩师欣然应允。就这样，上小学二年级的我便有幸师从陈式太极拳大师王西安，成为他当年最小的弟子。每个周末，我都会坐车从焦作到陈家沟学拳。现在想来，当年走入师门应该是自己人生最重要的一个转折点，太极拳讲究口传身授，特别对于初学者来说，能拜一个好老师是极大的幸事，并可免走许多弯路。然而对于我，还意味着从此拥有了享用不尽的师爱。

练习太极拳，动作规范至关重要。每到周末，只要恩师有空，都会逐招逐式给弟子们做示范讲解，手该如何转，脚该如何走，身该如何转，眼该如何视，劲该如何合，耐心而细致。然后恩师在一旁细观，督促我们练习。若发现我们中有谁动作不对，便随时予以纠正，有时一个动作反反复复要纠正很多次，恩师的严厉会令我们有些战战兢兢。

太极拳中有个动作叫“六封四闭”，记得我当时练了很长时间，却怎么都做不好，恩师也有些诧异。一次，我在练习这个动作时，恩师便在一旁静观。当时的我个子低，恩师站着看了半天，后又蹲着再看，反复几次，他惬意地笑了，对我说，你要结合腰裆劲才行。恩师这一“蹲”着细观，问题便迎刃而解，这也让我对恩师的敬业精神肃然起敬。

我对恩师的严谨作风更有体会。“舞花竖刀翻身砍”这一招，须双手紧握刀把，跃身翻跟头而过，我感觉自己翻的跟头已够高了，可恩师还是嫌低。后来，他索性再舞刀演示翻跟头。看着年近六旬的恩师，我忙接过刀，劝他爱惜身体，但恩师却认真地说：“我授拳都偷懒不到位，你怎么能练到位啊！老师必须以身示教，否则，学生难以更快地领悟其中奥妙” 。

这番话让我铭记至今，也使我对“老师”这两个字有了更深的理解，练起拳来，再也不敢有丝毫懈怠。正因恩师对弟子的这份认真和负责，无形催我更刻苦练拳，唯恐展示学习成果时，看不到恩师的笑容和赞许。

书上说，师者，传道、授业、解惑也。而在我看来，恩师这些年不仅教授了我拳术、拳理，更重要的是教会了我做人的道理。2000年，我首次参加第一届中国焦作国际太极拳年会比赛。为了让我的表演更富有观赏性，恩师依据我练拳的特点精心编排了套路，经编排后的套路动作能充分展示出太极功夫迅、猛、灵、脆、爆发力强、前柔后刚的特点。这一次，我不负众望获得了优秀奖。赛后，恩师拍拍我的脑袋，连连称赞说：“不错不错！”从这一次起，我开始频频参加比赛，先后在“第二届亚太武术交流会”、“全国推新人大赛”、“郑州首届世界传统武术节”等十余场大型赛事中屡屡夺魁，几乎逢赛必夺金牌。就在我对自己的成绩颇感满意时，却在2005年温县第十届太极拳、剑比赛中拿了个少儿男子陈式太极拳第二名。我当时颇不服气地对恩师抱怨：裁判不公！满以为恩师会像以前一样对我的表演给予赞许，没想到他听完我的抱怨脸色严肃起来，郑重地对我说：都说名师出高徒，但名师未必手下都是高徒，老师再用心，徒弟不努力，也练不成高手啊，这次你拿了第二名，只能说明你的功夫练得还不够，练拳应该意起、神往、形随方能有情有景，而你的拳意在拳先，意识还不够，还须更多努力。《太极拳谱》记述，学太极拳不可满，满则招损。能谦则虚心受教，人谁不乐告之以善哉！以后一定记着学拳要不骄纵、不自满！

说完这些，恩师点了支烟，缓慢了口气，语重心长地讲道：太极拳修身养性，学拳讲究宜以德为先，所以，要想练好太极拳，就必须先学会做人，只有做好人，才可能练好拳。你还小，学拳的路漫长一生，慢慢你才能体会到我今天这番话的用意，你要记得，学太极拳必须学会“人善”，心怀苍生；其次，要戒骄戒躁，虚怀若谷；第三，要学会充实自己，锻炼毅力和增强顽强不息的精神……看似平静一番话，让我听后顿觉坐立不安，羞愧难当。从那以后，每当我再拿到金牌，都暗自告诫自己牢记师训：谦者益，骄者败。每一次拿到的奖牌，不过是人生路上一块铺路石子而已。

和恩师交往的拳师，都说他性格粗犷豪放，但对弟子们的细心照顾却常常令人感慨、感动。前年，我需赴京参加比赛，为了不耽误学习，我比其他队员晚一天，由父亲陪同连夜赴京。那天下火车时，外面正是瓢泼大雨，当我在雨中看见恩师亲自来接我们时，不觉心中阵阵暖流涌起……

一日为师，终身为父；师之所教，受用无穷。而恩师给我的爱亦是无穷的啊！

这些年，恩师虽然早已享誉世界，但他却始终像一个认真的学生，在世界各地辛苦传拳之际，总是忙里偷闲自己写书出书，亲自动手编写有关陈家沟及历代拳师的奇闻轶事，常常在灯下一写就是通宵达旦。恩师虽没有受过高等的教育，但无论是他的书法还是他独特的拳理拳悟，都备受无数太极拳爱好者的推崇，恩师是用身体力行默默为我们弟子树立人生的榜样啊！

在自己的网站最初建立时，我执意在首页最上方写上一句话：金牌背后，流淌着恩师的心血！这真的是发自肺腑的一句话，而这简单的一句话，又怎能和恩师多年来对我的爱相比！

后来，恩师亲自在网站上为我写下一篇文章，其中写道：“太极拳作为中华武苑的一支古老奇葩，让我一生学之不尽，受益无穷，也正由此，它才相传世代，并受到全世界的关爱。所以，无论作为长辈还是老师，我都希望申思能持之以恒，戒骄戒躁，将太极拳的发扬和传播作为毕生的事业去坚守，无论碰到什么困难和阻力，都不能退却。

‘阳光’总让人联想到希望和温暖，联想到‘光芒四射’。在太极拳广播世界的今天，我希望我的弟子申思能有着阳光一样健康的体魄和心态，有着阳光一样美好的未来，并通过毕生的努力，让太极拳的光泽惠及更多的世人。

我想申思一定能做得到，因为这些年来，他一直淌着汗水一路掌声走到今天，二十多枚金牌就是最好的证明……”

恩师的殷殷期望，都在字里行间，而恩师多年无言大爱，也永远留在我心里，让我一生感恩，催我一生奋进，引导我像恩师一样，毕生为太极事业的传承竭尽全力。

遇见恩师，是我一生的幸运，一生的财富。我记得有本书上写过一句话：师者，即命运。我非常赞同，因为拜入师门，幸遇恩师，让我走进一个魅力异常的太极世界，给了我一个精彩异常的太极人生。

申 思

2008 年 4 月

作者履历

1944年7月17日出生于陕西省西安市。

1945年随父返回原居地河南省温县陈家沟。

1951年在陈家沟学校上学，后就学于徐沟完小。

1958年陈式太极拳第18代传人陈照丕还乡，随其学习陈式太极拳老架套路及器械。

1960年在青海哇玉香卡农机技校学习。

1961年到青海湖畔江西沟工作。

1963年返回河南省温县陈家沟。

1963年投师陈式太极拳第18代传人陈照丕，学习陈式太极拳老架套路及器械。

1967年任陈家沟大队民兵营长。

1970年任陈家沟业余体校校长。

1970年至1983年任陈家沟大队党支部副书记。

1972年8月河南省在登封县举办太极拳表演赛，任新乡地区领队（陈照丕老师任教练），会后向省委领导汇报表演。

1972年12月30日陈照丕老师病逝。这时太极拳正处于青黄不接时期，特派陈茂森赴北京请陈照奎老师返乡，传授太极拳新架套路。

1973年任温县领队兼教练，参加河南省在开封市举行的第2届武术运动大会。

1974年获新乡地区太极拳选拔赛第1名。

1974年任河南省武术协会会员。

1975年再次荣获河南省新乡地区太极拳选拔赛第1名。

1976年任温县队领队兼教练，参加新乡地区太极拳比赛。

1981年参加在河南省平顶山市举行的太极拳比赛，荣获银奖。

1982年参加河南省太极拳推手赛，任温县队教练兼队员，以弃权获第2名。

1982年参加河南省在平顶山市举办的太极拳比赛，荣获金牌。

1982年参加在北京工人体育场举行的全国太极拳推手比赛，荣获冠军。

1983年1月调到河南省体委武术处工作。

1983年7月27日受全日本太极拳协会的邀请，以陈家沟太极拳武术学校校长名义赴日本访问。

1984年温县武术协会成立，任副秘书长。

1984年温县举办太极拳推手比赛，任总裁判长。

1984年河南省在温县举办太极拳推手比赛，任裁判长兼温县队教练。

1984年任河南省武术馆教练。

1985年任焦作市陈式太极拳协会顾问。

1985年温县举办太极拳推手大赛，任总裁判长。

1985年河南省举办太极拳武术比赛，任温县队教练。

1985年全国太极拳比赛在山西省太原市举行，任河南省队教练。

1985年河南省太极拳选拔赛在郑州市举行，获第1名。

1985年河南省职工武术选拔赛在开封市举行，获第1名。

1985年全国首届太极拳名家邀请赛在黑龙江省哈尔滨市举行，获第1名。

1986年温县举办太极拳选拔赛，任总裁判长。

1986年河南省举办武术比赛，任温县队教练。

1986年全国太极拳推手比赛在山东省潍坊市举行，任河南省队教练。

1986年10月1日应日本七堂利幸的邀请赴日本东京、大阪等地讲学、传拳。在此期间，应日本国际文化交流协会会长和大阪市市长的邀请，参加了该协会举办的国际学术交流大会，并且表演了陈式太极拳老架一路、二路，新架一路、二路及单剑等，受到了各国代表的好评。大阪市市长赠送城市金钥匙，并被接纳为大阪市名誉市民。

1987年温县举办太极拳推手大赛，任总裁判长。

1987年被河南省体委授予一级裁判员称号。

1987年河南省旅游学会成立，任第1届常务理事会理事。

1987年温县成立中国陈式太极拳推广中心，任总教练。

1987年10月全国武术比赛在湖北省孝感市举行，任裁判。

1988年在河南省第1届青少年运动会期间从省体委被借调到焦作武术馆任

教，在河南省第1届青少年运动会上焦作市武术队取得了各项太极拳比赛的优异成绩，被焦作市人民政府记二等功一次。

1988年任少林国际武术邀请赛副总裁判长。

1988年任江西省南昌市陈式太极拳学会顾问。

1988年7月1日晋升武术中级职称，发证单位为河南体委武术馆。

1989年由天津开明文教音像出版社出版发行《中国神功——陈式太极拳王西安大系》(1)。

1989年3月2日应若瓦斯先生的邀请首次访问法国。在访问期间，接受了巴黎市第一、第二、第三电视台，《欧洲时报》，《空手道杂志社》，《解放报》等多家新闻单位专题采访。同年3月15日夜，受到法国前总统、时任巴黎市市长希拉克的接见，并合影留念。

1989年被中共温县县委授予先进科技工作者称号。

1990年8月受日本濑户口笃邀请赴日为第11届亚洲运动会开幕式中日太极拳表演培训日本队员。

1991年被河南师范大学聘为名誉教授。

1991年河南省太极拳剑比赛在开封市举行，任副总裁判长。

1991年任焦作市武术协会副主席。

1991年11月6日至12月10日应瑞士和法国王卫国先生的邀请，赴瑞士、法国进行讲学和访问。

1992年4月21日受国家武术院特邀，赴济南参加全国推手规则研讨会。

1992年5月18日河南省太极拳剑推手赛在平顶山市举行，任焦作市队领队兼教练。

1992年从河南省体委调到温县体委。

1992年9月任河南省温县太极武术馆副馆长兼总教练。

1993年编著的《陈式太极拳老架》一书由河南科学技术出版社出版。

1993年任温县太极拳开发委员会副主任。

1993年3月晋升为国家武术高级教练，发证单位为河南省人民政府。

1993年5月任河北省永年国际杨式太极拳联谊会副理事长。

1993年5月30日任湖南省邵阳市陈式太极拳协会顾问。

1993年6月22日被中共温县县委、温县人民政府命名为专业技术拔尖人才。

1993年10月受国家武术院特邀，赴杭州参加全国推手规则研讨会。

1993年12月1日任河北省永年国际太极拳学院总教练。

1993年12月13日任南京市陈式太极拳研究会高级顾问。

1994年从温县体委调到温县旅游局工作。

1994年被河南大学特邀为体育系太极拳培训中心副主任兼总教练。

1994年应简柳军先生之邀赴法国巴黎讲学，并成立了巴黎温县武术馆、巴黎分馆，任总教练。

1994年6月在全国武术之乡比赛中，中共温县县委、温县人民政府给予记功表彰一次。

1994年9月6日受马来西亚少林国术健身社的邀请，任本社总教练。

1994年12月14日赴法国巴黎讲学。

1995年应日本TBS电视台与福昌堂出版社之约，在日本出版发行了《中国神功功夫最好》录像带，《陈式太极拳老架一路、二路及单式演练与技击用法》一、二集。

1995年11月应日本东京都野口敦子女士的邀请，赴东京、神户、广岛、横滨等地讲学。

1996年5月应法国骆丽微女士的邀请，赴法国、荷兰、西班牙等国讲学。

1996年8月1日任山东省济宁市发电厂武术队高级顾问。

1996年8月6日任山东省兖州市体育协会高级顾问。

1996年8月28日任韩国城市太极气功协会常任顾问。

1997年任江苏省泗洪县国际太极拳年会泗洪分会名誉会长。

1997年被聘为上海国际武术节特邀嘉宾。

1997年3月纳入《国家名人典》。

1998年2月任浙江省温州市国术馆顾问。

1998年6月任美国休斯敦太极拳武术馆顾问。

1998年7月编著的《陈式太极拳推手技法》一书由河南科学技术出版社出版。

1998年8月任28集电视连续剧《太极宗师》武术顾问。

1998年11月任福建省漳州市太极拳协会顾问。

1999年自筹资金，兴建一所占地约2万平方米的陈家沟武术院（于1999年

6月破土动工，2001年1月1日举行开学典礼）。

1999年2月《陈式太极拳老架》（法文版，简柳军译）在法国发行1万册。

1999年6月纳入《中国民间武术家名典》。

1999年7月应法国巴德纳市体育部、艾变协会苏吾·阿兰先生的邀请赴法国讲学。

1999年7月编著的《陈式太极拳老架技击秘诀》一书由河南科学技术出版社出版。

1999年8月纳入《中国专家人才库》。

1999年8月纳入《中国百业领导英才大典》。

1999年9月纳入《世界优秀人才大典》。

1999年9月纳入《中国跨世纪人才大全》。

2000年2月纳入《国际名人录》。

2000年3月纳入《二十一世纪人才库》。

2000年4月组建了美国加利福尼亚州陈家沟武术院美国分院。

2000年4月美国加利福尼亚州金太阳女士成立了王西安太极拳研究会。

2000年5月纳入《中国专家学者辞典》。

2000年5月17日应美国加利福尼亚州李书东先生的邀请，到旧金山、休斯敦等地讲学。同时作为太极瑰宝国际武术锦标赛、美国勤武武术联合会的特邀代表，前往表演。广大太极拳爱好者给予高度赞扬。《世界日报》、《神州日报》等媒体纷纷报道，被《美南新闻》誉为“国际太极拳王”。

2000年6月29日，应法国巴德纳市体育部、艾变协会苏吾·阿兰先生的邀请赴法国讲学。

2000年6月被法国巴德纳市市长米琪·尔维先生授予“巴德纳市永久荣誉市民”称号。

2000年7月组建法国巴德纳市艾变协会，成立了陈家沟武术院巴德纳分院（分院院长为卡西亚阿列克斯）。

2000年7月纳入《跨世纪人才》。

2000年8月纳入《中国当代创业英才》。

2000年8月20～26日作为特邀嘉宾任中国·焦作国际太极拳年会仲裁。

2000年8月任中国民间武术家联谊会副会长。

2000年9月纳入《中华人物大典》。

2000年9月纳入《中国专家大辞典》。

2000年9月纳入《中国世纪专家》。

2000年9月纳入《华夏英杰》。

2000年10月纳入《辉煌成就，世纪曙光》。

2000年11月纳入《中国专家人名辞典》。

2000年11月纳入《中国人才世纪献辞》。

2001年任陈家沟武术院院长。

2001年参加“隆威”中国珠海国际太极拳交流大会，为特邀嘉宾兼技术顾问。

2001年8月应法国艾变协会苏吾·阿兰先生的邀请，和阎素杰女士一起到法国巴德纳及西班牙帮补路那讲学。在法国讲学时，学生为来自欧洲各国的太极拳教练；在西班牙讲学时学员达500多人。

2002年任香港太极气功社第2届名誉会长。

2002年8月被聘为第2届中国温县国际太极拳年会特邀嘉宾。

2002年8月应法国艾变协会苏吾·阿兰先生的邀请到法国巴德纳讲学。

2003年在河南音像出版社出版太极拳教学VCD 7套。

2003年王西安国际太极拳协会希腊分会成立。

2003年4月被聘为洛阳师范学院客座教练。

2003年4月赴温州、杭州讲学。

2003年5月王西安拳法研究会香港分会成立，到会的香港各界领导及太极拳爱好者300余人。

2003年8月应法国艾变协会苏吾·阿兰先生和基先生的邀请赴法国巴德纳、米路丝市讲学，学生为来自各国的太极拳教练。

2003年9月被江苏太仓太极拳交流大会聘为特邀嘉宾。

2003年9月赴佛山、桂林、昆明、重庆、石狮、厦门和西安讲学交流。

2003年10月赴山东讲学。

2004年在法国成立王西安拳法研究会法国分会，菲利浦德拉日任会长。

2004年4月应美国李书东先生的邀请，与阎素杰女士一起赴美国讲学。

2004年7月应法国艾变协会苏吾·阿兰先生的邀请赴法国巴德纳讲学。

2004年8月温县王西安拳法研究会成立，阎素杰任第1届会长。

2004年8月第1届王西安拳法研究会学习班开班，到会的全国各地教练及学员100余人。

2005年任香港太极气功社第3届名誉会长。

2005年应沟丁那·阿兰先生之邀赴法国授拳。

2005年任焦作市太极拳研究会副会长。

2005年温县太极拳研究会成立，任副会长。

2005年任温县太极拳剑比赛仲裁。

2005年2月应法国王西安拳法研究会基先生和菲利浦德拉日两人之邀到米路丝市和蒙都班市讲学。

2005年5月11日被香港太极气功社聘为2005年武术交流会演嘉宾。

2005年7月应王西安拳法研究会法国分会、巴德纳市体育部、沟丁那·阿兰先生的邀请，与阎素杰女士一起到毛里翁市讲学。

2005年9月被聘为中国焦作国际太极拳年会特邀嘉宾。

2005年10月王西安拳法研究会温州丽水分会成立。

2005年10月浙江桐乡市王西安拳法研究会桐乡分会成立。

2005年10月28日温州成立王西安拳法研究会温州分会。

2006年广州华都王西安拳法分会成立。

2006年1月荣获中国民间武术家联谊会优秀副会长称号。

2006年2月受王西安拳法研究会法国分会美野莱蒙女士和基先生的邀请，与阎素杰女士一起赴法国比雅丽市和米路丝市授拳。

2006年3月应李书东先生的邀请，与阎素杰女士一起赴美国加利福尼亚州授拳。

2006年5月任第2届东亚武术交流大会顾问，兼王西安拳法研究会教练。

2006年5月任河南省太极拳剑比赛仲裁。

2006年5月《陈式太极拳老架》、《陈式太极拳老架技击秘诀》、《陈式太极拳推手技法》（法文版，沟丁那·阿兰翻译）在法国发行。

2006年5月被聘为香港中华内家拳总会永久名誉会长。

2006年7月应王西安拳法研究会法国分会、巴德纳市政府、郑寿杰先生的邀请，与阎素杰女士一起到法国巴德纳市讲学。

2006年8月河南省温县举办“王西安太极人生”大型影展。

2006年9月和阎素杰女士一起到河南鹿邑县讲学。

2006年11月被河南电视台武林风聘为专家评委。

2007年元旦，应林俊生先生邀请赴香港参加“太极推手”名家表演并担任仲裁。

2007年1月王西安拳法研究会濮院分会成立。

2007年2月和阎素杰女士一起赴法国、意大利讲学。

2007年5月应王西安拳法研究会的邀请，在温县举办“陈式太极拳老架一路”提高班。

2007年5月被河南电视台武林风聘为专家评委。

2007年6月被命名为第一批国家级非物质文化遗产陈式太极拳传承人。

2007年7月应香港太极气功社邀请，赴香港讲学并担任“回归杯太极推手比赛”仲裁。

2007年8月10日在陈家沟培训王西安拳法研究会法国分会、意大利分会、希腊分会会员，及俄罗斯、奥地利、美国学生。

2007年8月应邀参加“中国·焦作国际太极拳交流大赛”名家表演。

2007年9月接受国务院新闻办的采访。

2007年10月3日，应邀参加“中国太极拳发源地、中国太极拳文化研究基地”授牌仪式暨陈家沟全国太极拳邀请赛开幕式上名家表演。

2007年11月1日受韩国“挪捋挤按学校”邀请携弟子申思及石东赴韩国参加太极拳文化交流。

2007年11月5日和阎素杰女士一起应邀参加王西安拳法研究会淄博分会挂牌仪式。

2007年11月5日，入围央视武林大会陈式太极拳海选的16强太极高手中，王西安拳法研究会会员占七名，他们分别是：王战军、陈三虎、李天金、宋三星、樊帅鑫、王峰、范魁。

2007年11月7日应中央电视台武术大会训练营的邀请，以武林大会全国选拔赛训练营指导专家的身份，携温县体育局武术科科长王东方、王西安拳法研究会会长阎素杰，共同前往马鞍山对入围十六强的选手等进行集中训练、指导。

2007年11月23日在陈家沟培训日本东京陈式太极拳学员。

2007年11月接受黑龙江卫视的采访。

2007年11月24日邀请美国国际文化科学院院士、太极图文化研究所所长、四川华林自控科技有限公司董事长明赐东先生，到陈家沟武术院进行“太极图探秘”及“中国始原文化——太极”的讲座。

2007年12月25日和阎素杰女士一起应登封市嵩山少林寺第一武术学院的邀请参加中国·陈家沟太极拳少林培训基地揭牌典礼仪式，同时被聘为训练基地的顾问。

2007 年12月28日应佛山弟子和粤港澳地区太极武术爱好者的要求和阎素杰女士一起到佛山市岭南明珠体育馆讲学。

2007年12月被中央电视台聘为武林大会陈式太极拳专家评委。

2008年2月7日应王西安拳法研究会法国分会、意大利分会、希腊分会的邀请和阎素杰女士一起赴欧洲讲学。

2008年3月王西安拳法研究会会员王战军、陈三虎、李天金、樊帅鑫囊括中央电视台武林大会陈式太极拳四个周擂主，王战军获总擂主。

（截稿于2008年4月）